幼兒學習環境評量表—修訂版

Early Childhood Environment Rating Scale®

Revised Edition (ECERS-R)

郭李宗文、陳淑芳　譯

EARLY CHILDHOOD ENVIRONMENT RATING SCALE®

REVISED EDITION

THELMA HARMS

Director,
Curriculum Development

RICHARD M. CLIFFORD

Senior
Investigator

DEBBY CRYER

Investigator;
Director, Child Care Program

Frank Porter Graham Child Development Center
The University of North Carolina at Chapel Hill

Published by Teachers College Press, 1234 Amsterdam Avenue, New York, NY 10027

作者簡介

Thelma Harms

Director of Curriculum Development
FPG Child Development Center
Research Professor, UNC-CH School of Education

Richard M. Clifford

Senior investigator, FPG Child Development Center
Research Associate Professor, UNC-CH School of Education
Currently president of the National Association for the Education of Young Children

Debby Cryer

Investigator, FPG Child Development Center
Director, Family & Child Care Program,
FPG Child Development Center

譯者簡介

郭李宗文

大學開始即修習幼兒教育專業領域，歷經輔仁大學家政系學士、美國愛荷華大學碩士、美國北科羅拉多大學博士。曾任托兒所保育員，現任國立臺東大學幼兒教育學系教授，教授幼兒學習環境相關課程多年。幼教行政、高瞻課程、親職教育、幼兒學習環境及原住民族教育為其教學及研究的主要領域。

陳淑芳

現任國立台東大學幼兒教育學系副教授兼幼兒教育教學中心主任，為美國馬里蘭大學課程與教學學系哲學博士，專攻幼兒教育和師資培育，研究興趣包括：幼教課程模式、教師思考與信念、幼兒認知與思考，以及多元文化教育。近年來的教學與研究則聚焦於在地化課程發展、教師專業發展、幼兒創造力、幼兒科學教育，以及原住民幼兒教育等。

譯者序㈠

好像終於要結束整個翻譯過程的感覺，讓自己非常地興奮，因為這其中的轉折經過了大約三至四年的時間。一開始，知道ECERS有新的修訂版將要出版，而在許多的研究及實務工作上，ECERS就是常被用來作為評估幼兒園環境的量表，所以在學校推薦購買新書的名單中特別將它列出。後來，又因為要在暑假開一門和幼兒學習環境有關的課程，正在考慮課程的內容時，經淑芳的提醒，就決定用這本書來當作課程的主要內容。因為這份量表中的環境是以廣義方式來定義的環境，其包括幼兒園中許多面向（人、事、物）的環境，因為要以中文的方式授課，所以興起了翻譯的念頭。

於是主動寫信和 Prof. Harms 聯絡有關翻譯的事宜。他們一開始的答覆是已經有人和他們接洽中文翻譯的事情，所以不便再委託我們翻譯。但是我們等了一年多都沒有看到台灣的中文譯本出現，於是就再試著和他們連絡。他們希望我們先做相關的研究，以確定ECERS-R的內容適合台灣的幼兒教育界，對於原作者們的用心，我們也相當地佩服。另外他希望我們請台灣的出版社和這份量表的出版社 "Teachers College" 聯絡出版的相關訊息。感謝心理出版社的鼎力相助，簽定這份量表的翻譯權，同時我們將 ECERS-R 在台灣約 322 次施測的資料加以分析，得到所有的題目都達到決斷值（CR值）3.0 以上，僅有第 37 及 41 題的勾選人次較少，然而在原來的量表中，這兩題就是「允許不適用」的題項。所以當我們將這個結果及數據讓原作者知道後，他們欣然同意由我們來翻譯 ECERS-R，也提醒我們需要將量表的內容依據台灣的文化及幼教生態給予較適當的例子。

這份量表能順利完成，也需要感謝台東大學 90、91 級幼教系暑期部同學的協助，因為訓練他們成為量表的評分人員，我們才能將這份量表在台灣幼兒園教室進行施測。施測的結果除了讓作者了解ECERS-R在台灣的適用性，也讓我們更篤定這份量表的翻譯對台灣幼兒教育的環境評定的貢獻。希望這份量表的中文版可以幫助台灣幼兒教育的現場教師作為評定班級環境及園所整體環境的工具。同時這份量表也可以作為教師改善教室環境之行動研究的工具，甚至作為幼兒園評鑑的參考依據。

郭李宗文

於砂城

譯者序㈡

　　二〇〇四年秋冬之際，在美國幼兒教育學會（NAEYC）年會上，一場關於《幼兒學習環境評量表》（ECERS-R）的研討會場中擠滿了幼教學者與實務工作者，熱誠地討論幼兒環境品質的理念與研究成果。Dr. Harms 的研究團隊多年以來基於對幼教品質的關心與堅持，不畏艱辛地將環境品質概念轉化成具體可觀察的評量架構，成功地促進了學者、輔導者與教師三方之間對幼教品質的溝通對話。雖然近年來標準化測驗的壓力又迫使許多幼教現場有所偏差，但是大多數幼教人仍然堅信幼兒教育成敗乃由學習環境的整體品質而決定。歷年來的研究與實務的印證，更肯定《幼兒學習環境評量表》對於提昇幼兒教育品質的指標性功能。

　　在此盛會中也邀請了德國學者 Dr. Tietze，報告其在歐洲進行的一個跨文化比較研究，發現 ECERS-R 並不因文化差異而影響其信、效度。還有一群長期使用 ECERS-R 的幼教學者及實務者與資訊專業者合作，發表其所發展的 ERS Data System，可以讓需要大量使用 ECERS-R 來監督與輔導教師的幼教專業輔導人員，能更有效率的使用這套工具來幫助現場教師，同時也能更快速取得各學區幼教品質概況與改變之整體報告。

　　會後譯者上前握手致意，當 ECERS-R 研究團隊得知國內正著手中文版的翻譯工作時，顯得十分興奮，Dr. Harms 更是謙虛的表示希望能夠有機會邀請國內學者和教師分享 ECERS-R 的使用心得與意見，幫助他們持續地進行修訂和更新的工程。

　　時序轉向一九九三年，譯者在美國馬里蘭大學唸博士學位時，選修「嬰幼兒團體照顧與教育方案專題研究」課程，Dr. Greta Fein 特別引介我們認識《嬰幼兒環境評量表》（*Infant/Toddler Environment Rating Scale®*）（Harms, Cryer, & Clifford, 1990），並實地應用此工具到不同嬰幼兒中心觀察評量，於是譯者也開始有系統地認識 Dr. Harms 等人所發展的一系列環境品質評量工具。

　　剛開始對於這些量表面面俱到的評量項目有些吃不消，甚至覺得過於瑣碎，但是實際走訪過許多幼教現場進行評量之後，驚訝地發現評量表中這些看似細微瑣碎的項目，確實能夠顯現出不同幼兒園之間細微的品質差異。難怪它能取得眾多研究者與實務者的信任，而成為評估幼兒學習環境品質的重要工具。

　　Dr. Harms 等人對於環境品質高低的判定，主要有八項重要指標：自由選擇性、獨立性、自由創作、多樣化、計畫性、正向氣氛、監督管理和成人角色，這些標準反映於整個ECERS量表的評量項目中，其中尤其強調環境設備之計畫性和多樣化。這些指標對於國內幼教專業者而言並不陌生，然而

要落實於日常教學情境中卻是不易（陳淑芳，1999）。

　　至一九九七年譯者返國服務，為了重新認識國內幼教現況，以及探究幼教環境品質概念之適用性，便以 ECERS-R 的前身——幼兒園環境量表（ECERS）為工具，帶領十一位台東師院幼教系 88 級大四學生一起研讀翻譯，並完成工具使用訓練程序，然後展開台東縣幼稚園教學環境品質之調查研究（陳淑芳，1998a）。根據二十五個教室的觀察評量結果，發現所參與教室之教學環境品質平均為中等程度，這些教室提供給幼兒的「個人日常照顧」和「大／小肌肉活動」方面的環境略佳，但是在增進幼兒「語言－推理」、「創造性活動」，和「社會發展」的環境方面則較差，而且對於「成人照顧」方面的環境提供也不夠理想。雖然此研究發現有少數題項並非當時國內教學現場所看重的面向，例如「舒適性設備」、「沙／水」、「戲劇遊戲」、「獨處空間」、「多元文化意識」和「特殊設備」等六項的得分較低，但是整體而言，這份工具對於建議教室品質之改進，仍有相當高的實用價值（陳淑芳，1998b）。

　　繼幼兒園環境量表修訂之後，譯者對於應用這份工具來改進國內幼教學習環境品質的價值更充滿信心，並於二〇〇一年和二〇〇二年連續兩年，指導到本校進修暑期學士學位班之在職教師們進行為期一年之幼稚園環境品質改進行動研究，結果發現都有良好的成效，參與教師們也都肯定這份工具之實用價值，於是更興起將這份工具翻譯出來的念頭。

　　透過郭李宗文老師的積極接洽，很高興心理出版社順利取得翻譯版權，使得多年來希望將這份工具介紹給大家的願望得以實現。期望這份觀察評量工具能幫助更多現場老師了解各教室教學環境的現況，並獲得具體的品質改善線索；也能增進學界對於幼教環境品質的對話與共識。由於翻譯並非本業，所以翻譯過程中走走停停，耽誤許多時間，對於出版社甚感抱歉。至於翻譯功力不佳之處，也請各位先進不吝指正與指導。

陳淑芳　謹識

參考資料

陳淑芳（1998a）。幼稚園教學環境品質評量——《幼兒園環境量表》實施的探索性研究。**幼稚園評量研討會論文集**。國立台東師院兒童發展中心主辦。

陳淑芳（1998b）。追求高品質的幼兒園教學環境——體檢篇。**幼教資訊**，**97**，40-46。

陳淑芳（1999）。追求高品質的幼兒園教學環境——成長篇。**幼教資訊**，**99**，41-48。

Harms, T., Cryer, D., & Clifford, R. M. (1990). *Infant/Toddler Environment Rating Scale.* New York: Teachers College Press.

誌謝

我們的作品經由許多無可計數使用過《幼兒學習環境評量表》（ECERS）的同業，與我們分享他們的觀點及資訊而更加豐富。雖然我們在此無法一一提及每一位曾對 ECERS 貢獻想法的人士，但首先我們仍要感謝所有給我們正式與非正式回饋的人士。這包括在美國、加拿大、歐洲及亞洲以 ECERS 進行研究和課程改進的人士，大大地增進我們對於品質的了解。也特別感謝回應本量表修訂問卷的人士。

我們要特別提及：

◎參與我們在 Chapel Hill 的焦點團體。其中融合教育焦點團體包括：Pat Wesley、Ginny Kinney、Kathy Clayton、Sharon Palsha、Deanna Shepherd-Woody、Carla Fenson、Sandy Steele 和 Brenda Dennis。多元差異焦點團體則包括：Muriel Lundgren、Salma Haidermotha、Valerie Jarvis、Lynette Darkes、Patricia Rodriguez 和 Jana Fleming。

◎Anne Mitchell、Laura Sakai 和 Alice Burton 是加州舊金山 the Model Centers Initiative 的評鑑小組成員，他們與園長及教師們組成一個多元差異的焦點團體，並以《幼兒學習環境評量表─修訂版》（ECERS-R）到許多不同的園所進行實地測試。

◎全國兒童教保人員研究（National Child Care Staffing Study）團隊，及經費、品質及成果研究（Cost, Quality, and Outcomes Study）之團隊成員與我們分享 ECERS 資料。

◎感謝我們在北卡羅萊納大學 Chapel Hill 的 Frank Porter Graham 兒童發展中心同事們──Donna Bryant、Kelly Maxwell 和 Ellen Peisner-Feinberg，他們和我們分享研究資料及寶貴的使用經驗。

◎感謝 Adele Richardson Ray 完成了廣泛的文獻探討及內容分析。

◎感謝 Eva Higgins 指導 ECERS-R 的實地測試，以及協助實地測試的人員包括：Nicole Lamb Ives、Canby Robinson、Marianne Mount、Gisele Crawford、Terry Hammersley、Amy Rogers、Cathy Festa、Eleanor Levinson、Noreen Yazejian 和 Katherine Polk。

◎感謝由 Peg Burchinal 為首，帶領 Steve Magers 和 Dave Gardner 進行實地測試的資料分析。

◎感謝 Cathy Riley 在這好像永無止盡的修訂過程中，耐心地準備原稿並仔細地將它引領出來。

◎感謝 Turner McCollum 製作了很有創意的封面。

◎感謝在 Teachers College 出版社和我們合作的編輯 Susan Liddicoat，由於她的耐心、興趣及堅持，幫助我們將此量表成為最好的量表。

◎感謝在三十五個不同園所中的四十五個班級之園所長、教師和孩子們，慷慨允許我們在該班進行 ECERS-R 的實地測試。

我們也要感謝 A. L. Mailman Family 基金會、Smith Richardson 基金會，和 Frank Porter Graham 兒童發展中心的小額獎助計畫對 ECERS 修訂的支持，特別是他們對我們的信心及對我們作品的看重。

Thelma Harms、Richard M. Clifford 和 Debby Cryer 於

Frank Porter Graham 兒童發展中心

1997 年 12 月

目錄

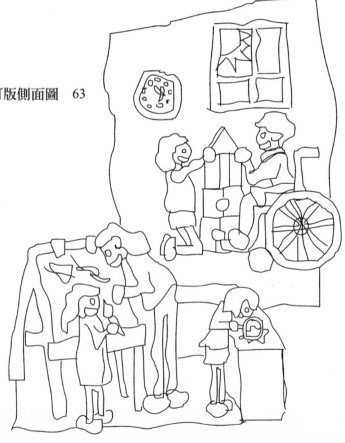

幼兒學習環境評量表—修訂版（ECERS-R）概論

　　《幼兒學習環境評量表》（ECERS）的修訂是一條漫長且興奮的過程。在此修訂版，我們企圖在持續及創新之間維持平衡。一方面，我們想要保留 ECERS 的特色，過去十五年多以來，在研究及課程的改進兩方面它都是一份相當有用的工具。另一方面，我們想要回應自一九八〇年 ECERS 發行以來的幼兒教育改變，並整合我們對於測量品質的新知識來做些更新和擴充。在這段期間，特殊兒童融合教育及對多元文化的敏察性都成為評估課程品質的重要議題。美國幼兒教育學會（NAEYC）的認可計畫（Accreditation Program; NAEYC, 1984），以及一些已出版的幼兒教育評量工具，都使得品質評量本身獲得更高度的關注。當幼教界仍在自我檢定之際，蘊含於 NAEYC「適性發展實務」（Developmentally Appropriate Practice）之課程品質定義於一九九七年重新修訂，更強調文化的差異性、家庭之關注，以及個別兒童之需求（Bredekamp & Copple, 1997）。

　　我們對於如何評定品質的了解，透過另外三個以 ECERS 為架構所發展的量表而有所增進，這三個量表都已經過各自的修訂及改善：《家庭托育評量表》（*Family Day Care Rating Scale®*, FDCRS; Harms & Clifford, 1989）、《嬰幼兒環境評量表》（*Infant/Toddler Environment Rating Scale®*, ITERS; Harms, Cryer, & Clifford, 1990）、《課後托育環境評量表》（*School-Age Care Environment Rating Scale®*, SACERS; Harms, Jacobs, & White, 1996）。許多在美國境內及海外的研究方案曾使用 ECERS 來評量整體品質，發現 ECERS 的得分和兒童學習成果之間有顯著的關係存在，ECERS 的得分和教師特性、教師行為及薪資（compensation）也有顯著的相關性。伴隨這些研究發現，許多研究者的回饋中也提到某些項目的困難度，成為本次修訂的重要資源。ECERS 也已經被翻譯成多種語言，包括：義大利文、瑞典文、德文、葡萄牙文、西班牙文及冰島文，並被一項跨國研究（Tietze, Cryer, Bairrão, Palacios, & Wetzel, 1996）所用。雖然翻譯本的基本量表是相同的，但少數的指標之修改仍是需要的，尤其是指標中的舉例，以符應不同翻譯本之文化相關性。這些改變也幫助我們著手修訂此版。

　　另外，有許多幼兒園所以《幼兒學習環境評量表》（ECERS）作為課程改進的工具，包括各種服務不同文化族群及實施融合教育的園所。這十七年以來，ECERS 被用來作為研究及課程之改進，已累積了大量的效度及可用性的證據，但是需要被修訂的證據也相當明顯。

修訂過程

在修訂的過程中使用了三個主要的資料來源：(1)ECERS 與其他全品質評量工具的關係，以及檢視幼兒教育課程議題的文獻之內容分析；(2)在幼兒園、托兒所及幼稚園使用 ECERS 的研究資料；(3) ECERS 使用者的回饋。內容分析幫助我們確定增加或刪除的考量；許多使用 ECERS 的研究資料幫助我們知道不同題項的分數範圍、相對的難度，以及題項的效度。目前為止，對本修訂版最有價值的貢獻是來自於那些以不同方式使用過 ECERS 的研究者及實務工作者所提供給我們的回饋。

為蒐集來自於 ECERS 使用者的資料，我們也進行了三個焦點團體：一組探討 ECERS 在融合教育園所的使用情況；兩組檢視在多元文化園所的使用。很幸運地，我們能取得這兩個領域的專家學者之意見，他們曾在國內各地廣泛使用 ECERS 並且提供具體的建議。我們也與使用 ECERS 的研究者進行回饋座談，請他們從研究需要的觀點提供對於內容及格式的建議。此外我們也發放了一份問卷，請曾使用過ECERS 的個人、園所及研究方案來填寫，同時我們也收到來自美國、加拿大及歐洲等非常有幫助的建議。

修訂版中的改變

《幼兒學習環境評量表－修訂版》（ECERS-R）是由《幼兒學習環境評量表》（ECERS）修訂而來，而非一個新的量表，它運用與原版本相同的理論及架構，也保留了原版中對於學習環境的廣義定義，包括空間的、課程的，以及人際的特性，這些均會直接影響到一個園所內的成人和幼兒。ECERS-R 的七個子量表為：空間和設施、個人日常照顧、語言－推理、活動、互動、作息結構、家長與教師。

雖然修訂版的子量表與原版有所不同，但對於環境的整體意涵卻是顯而易見的。修訂版中保留了同樣的七點量表格式，每個項目以 1（不適當）、3（最低要求）、5（良好）、7（優良）來描述。在修訂版中品質評量之概念架構與原來 ECERS 是一致的。課程品質的分級乃是基於目前對於最佳實務的定義，以及基於實務與幼兒學習結果之關聯研究。重點在於幼兒的需求及如何做最能符合這些需求。

除了保留原版與修訂版的相似結構以維持其一致性外，以下為修訂版中的改變：

1. 刪除嬰兒／學步兒的選項，改採用《嬰幼兒環境評量表》（*Infant/Toddler Environment Rating Scale®*, ITERS; Harms, Cryer, & Clifford, 1990）。

2. 對於 1、3、5、7 等品質層級以分別的指標敘述取代段落式的寫法。此方式乃依循自我們的其他量表：FDCRS、ITERS 及 SACERS。

3.將用以說明之註解延伸以解釋選項的涵義，並給予更多的具體資訊以利正確的評分。

4.有些題項被合併以避免重複性（如，ECERS 設施及展示的第 6 題與第 7 題，現合併為 ECERS-R 的第 2 題）。

5.有些題項被分為數個題項以加深其內容（如，ECERS 第 32 題氣氛，現在分為 ECERS-R 的第 31 題紀律及第 32 題教師－幼兒的互動）。

6.有些增加的題項是 ECERS 中沒有包括的領域，如：健康及安全實務；自然／科學活動；數學／數字活動；電視、錄放影機及／或電腦的使用；互動的題項包括幼兒之間的互動；和一些與教師需求有關的題項。

7.在許多題項中加入指標及範例使其增加融合及文化敏察性。基於我們焦點團體對於融合教育及文化差異的建議，我們沒有發展獨立的題項，而是將指標及範例融入整個量表中。

8.評分系統與 FDCRS、ITERS 和 SACERS 等量表之評分系統維持一致。另外，在 ECERS-R 中可以選擇「是」、「否」，或有些題項有「不適用」（NA）供每一個指標單獨選用。如此可以有助於更清楚地判定各題的分數。

9.註解就印在題項的下方將更方便使用。

10.對於不易被觀察的指標，在註解中提供發問的範例給評分員參考。

我們修訂 ECERS-R 的目的在於更新內容、使其格式及評分指導與我們其他的量表更相容，以及增加指標分數以利更明確的評定該題之分數。我們相信 ECERS-R 已達到這些目的。

信度和效度

如前述的說明，現在的修訂版是由廣為人知的 ECERS 原版所修訂。它保留了原來的概念架構、評分方法及實施流程。既然原版的 ECERS 已有很長的研究歷史顯示，由 ECERS 所評定出來的品質具有很好的預期效度（如，Peisner-Feinberg & Burchinal, 1997；Whitebook, Howes, & Phillips, 1990），此修訂版也預期將維持其效度。這裡主要要回答的問題在於，修訂後是否會影響評分員間的信度。

在一九九七年的春季和夏季，我們在 45 個教室舉行了一項廣泛的 ECERS-R 實地測試。作者們對於該次的評分員間的信度並不滿意，所以決定量表需要再做修正。這一次的研究資料也用以確認所需之改變以成為一個完全可信之工具。第一次實地測試所用之量表草稿也經過大量的修改，且以指標分級信度引導整個修訂過程。經過此修訂後，第二次的測試以 21 個教室為樣本，重點在於評分員間的信度，一開始時就將這些教室平分為高、中、低分三個等級。這是一個非常保守的測試，在實地觀察中通常很少有機會透過討論來發展信度，而第二次的測試結果相當令人滿意。

　　總體而言，ECERS-R的指標、題項和總分的分級是可靠的。量表中所有 470 個指標的同意度高達 86.1 ％，且沒有任一題的指標同意度低於 70 ％。在題項的部分，同意度完全一致的達 48 ％，及差距一分之內的同意度也達 71 ％。

　　整個量表而言，兩個觀察者間的皮爾生（Pearson）積差相關為.921 和史比爾曼（Spearman）等級相關為.865。組間相關為.915。這些數值都在一般可被接受的範圍內，且其整體同意度相當高。這所有的數值和原來 ECERS 的同意度是相類似的。

　　我們也檢定了全量表及子量表的內部一致性。子量表的內部一致性範圍在.71 到.88，全量表的內部一致性為.92。表一呈現七個子量表的內部一致性。這些子量表和全量表的內部一致性係數可支持它們成為單獨的結構。許多有關信度與效度的問題仍尚未回答。例如，有些研究待進行以回答下列問題：修訂版的分數等級與原始版之相似程度如何？是否這兩個版本對於幼兒的學習結果有相似的預測性？另外，仍需有大量的資料來實證性的檢定量表的因素架構。在原版 ECERS 的研究中通常會找到兩個因素，一個著重於環境中的教學層面，而另一個則為機會提供的層面（Rossbach, Clifford, & Harms, 1991; Whitebook, Howes, & Phillips, 1990）。未來仍需進行研究以確認 ECERS-R 在此兩個實證面向的相似程度。

　　總之，實地測試發現在評分指標、題項和總分上具有相當可接受的評分者同意度。並且，研究結果也支持以子量表和全量表的分數來表示環境中有意義的面向。

表一：ECERS-R 子量表內部相關係數

量表	評分員間內部一致性
空間和設施	0.76
個人日常照顧	0.72
語言－推理	0.83
活動	0.88
互動	0.86
作息結構	0.77
家長與教師	0.71
總分	0.92

參考文獻

Bredekamp, S. (Ed.). (1987). *Developmentally appropriate practice in early childhood programs from birth through age 8*. Washington, DC: National Association for the Education of Young Children.

Bredekamp, S., & Copple, C. (Eds.), (1977). *Developmentally appropriate practice in early childhood programs*. Washington, DC: National Association for the Education of Young Children.

Harms, T., & Clifford, R. M. (1989). *Family Day Care Rating Scale*. New York: Teachers College Press.

Harms, T., Cryer, D., & Clifford, R. M. (1990). *Infant/Toddler Environment Rating Scale*. New York: Teachers College Press.

Harms, T., Jacobs, E., & White, D. (1996). *School-Age Care Environment Rating Scale*. New York: Teachers College Press.

National Association for the Education of Young Children (1984). *Accreditation criteria and procedures of the national academy of early childhood programs*. Washington, DC: Author.

Peisner-Feinberg, E., & Burchinal, M. (1997). Relations between preschool children's child care experiences and concurrent development: The Cost, Quality and Outcomes Study. *Merrill-Palmer Quarterly, 43*(3), 451-477.

Rossbach, H. G., Clifford, R. M., & Harms, T. (1991, April). *Dimensions of learning environments: cross-national validation of the Early Childhood Environment Rating Scale*. Paper presented at the annual meeting of the American Educational Research Association, Chicago.

Tietze, W., Cryer, D., Bairrão, J., Palacios, J., & Wetzel, G. (1996). Comparisons of observed process quality in early child care and education in five countries. *Early Childhood Research Quarterly, 11*(4), 447-475.

Whitebook, M., Howes, C., & Phillips, D. (1990). *Who cares? Child care teachers and the quality of care in America*. Final report of the National Child Care Staffing Study. Oakland, CA: Child Care Employee Project.

幼兒學習環境評量表─修訂版使用說明

　　不論你是要用 ECERS-R 對自己的教室進行自我評量，或者是以一位外部觀察員身分來作課程督導、課程評鑑、課程改革，或進行研究，正確地使用是非常重要的。Teachers College 出版社所發行的 ECERS-R 錄影帶訓練課程[1]可用以自我教導或做為團體訓練之一部分。正式使用此量表前，最好是先參與由有經驗的 ECERS-R 訓練員所帶領的訓練過程。將使用本量表作為監控、評鑑，或研究的觀察員訓練，需與一小組觀察員進行至少兩次的教室實地觀察，並緊接著進行評分員間的信度對照。任何想要使用本量表的人，在使用之前都應仔細地閱讀以下的說明。

量表的實施過程

1. 本量表是設計給二歲半至五歲的幼兒班級使用，一次評定一個班級或一個活動室。如果你是一個外部觀察員，即不是該教學團隊的成員（如園所長、輔導員、證照核定人員及研究人員），通常需要至少 2 個小時進行觀察和評量。最好有超過 2 小時的觀察。

2. 在你觀察之前，盡可能先完成評分表第一頁上方的辨識資料。有些資料可能需要透過詢問教師方能獲得。在觀察接近尾聲時，要確認第一頁上所有要求的資料都填寫完整。

3. 在觀察開始的前幾分鐘先讓自己適應所觀察教室的環境。

　◎ 你可以先從空間和設施的第 1-6 題開始，因為這些最容易被觀察到。

　◎ 有些題項要求要觀察的事件或活動僅發生於一天中的特定時段（如，在個人日常照顧的第 9-12 題，大肌肉活動遊戲的第 7、8、29 題）。須留意這些題項以便活動進行的時候你能觀察到。

　◎ 有些評定互動的題項，應是在你已經有足夠的時間看到代表性的畫面之後才做（如，互動的第 30-33 題；作息結構中的第 34-37 題；家長與教師的第 41 題）。

---

[1] 譯註：該錄影帶訓練課程由心理出版社出版光碟及訓練手冊。

◎活動的第 19-28 題需同步檢查教材狀態和觀察教材之使用情形。

4.在觀察中，小心不要打斷了正在進行的活動。

◎保持愉悅且自然的臉部表情。

◎不要與幼兒們互動，除非你看到一些必須立即處理的危險。

◎不要打擾或與教師交談。

5.你必須和教師訂一個時間來詢問一些你無法觀察到的指標。教師必須在沒有照顧幼兒職責的時候答覆這些問題。問問題大約需要 20 分鐘。為了更有效地運用問問題的時間，將要問的問題先列出來：

◎若情況適合，可直接使用範例中所提供的問句。

◎如果你要問的題項沒有問題範例，請在與教師交談前先將你的問題寫在評分表或其他紙張上。

◎只問那些可能會提高分數的問題。

◎一次只問一個題項的問題，作完記號或在評分表上直接計分後再移至下一題。

6.評分表（第 56-62 頁）提供一個方便的方式來記錄指標、題項、子量表及全量表的分數和你的評論。側面圖（第 63 頁）則讓這些資訊能以圖示化展現。

◎每一次觀察都要用新的評分表。**影印之同意權僅限於評分表及側面圖的影印，而非整個量表。**

◎在離開園所之前評分表必須要評完或者隨後立即完成。不要憑事後記憶再作評分。

◎建議在觀察時的評分使用鉛筆以便於塗改。

◎最後整份評分表的記錄要夠黑以利影印。

評分系統

1.仔細地閱讀整份量表，包括題項、註解及問題。為了正確性，所有的評分都要盡量依據量表中所提供的指標來判斷。

2.整個觀察的時間中，應該隨時容易取得量表並經常地查看，以確定給分的正確性。

3.範例雖然不同於指標，但有時也可參照作為給分的標準。

4. 評分應該以你目前所觀察到或教師告知的情況為基準,而非以未來的計畫為準。對於無法觀察到的資訊,則以教師對問題的答案來給分。

5. 當評定一個題項時,總是從 1 分(不適當)開始漸進往上直到達到正確的分數。

6. 分數的評定依據下列的方式:

◎得分為 1,如果有任何一個 1 的指標被評為「是」。

◎得分為 2,如果所有 1 的指標都被評為「否」,且一半以上的 3 被評為「是」。

◎得分為 3,如果所有 1 的指標都被評為「否」,且 3 的指標都被評為「是」。

◎得分為 4,如果所有 3 的指標都達到要求,且一半以上的 5 被評為「是」。

◎得分為 5,如果所有 5 的指標都被評為「是」。

◎得分為 6,如果所有 5 的指標都達到要求,且一半以上的 7 被評為「是」。

◎得分為 7,如果所有 7 的指標都被評為「是」。

◎「不適用」(NA)的給分僅限於該指標或者該題在評分表上有被標示為「允許不適用」。若有指標被評為不適用,則該題不計分,而且該題不計入該子量表及整體量表的分數中。

7. 計算子量表的平均分數,是以該子量表的每題得分加總除以被計分的題數。總量表的平均數是以全部題項的得分加總除以被計分的題數。

另類評分選擇

本評量表的每一個指標都可以用以分別評分,所以當達到了顯示品質層次的題項分數之後,仍可以繼續將之後的指標一一評分。以上述的評分系統,指標的評分直到該題的品質被評定為止。然而,如果有所需要,為了研究或課程改進的目的,以獲得品質分數之外的某領域的優點資料,觀察員也可以繼續評完所有的指標。

如果選擇另類的評分方式並評完所有的指標,觀察和問問題的時間就需要延長。大約 3.5~4 小時的觀察時間和約需 45 分鐘來完成所有指標的問題。至於所獲得的額外資料,則可以有助於擬定明確的改善計畫,以及幫助研究結果的解釋。

評分表和側面圖

　　評分表同時提供指標和題項的評分。指標的評分包括是、否及不適用，「不適用」只用在有標示此選項的指標中。題項的評分是由 1（不適當）至 7（優良），及「不適用」，「不適用」只用在有標示此選項的題項中。尚有一個小空間可以寫下判斷給分的備註。此備註對於提供教師改進諮詢特別有幫助，因此，我們建議可以用額外的紙多寫下一些備註。

　　注意每一個指標要勾選到正確的位置。題項的分數應清楚的圈選起來（見第 55 頁樣本）。

　　第 63 頁上的側面圖得以將所有題項和子量表的分數以圖表呈現。它可用來比較各領域的強弱，以選定特定的題項及子量表作為改進的目標。它同時提供子量表的平均分數。兩次觀察以上所畫出來的側面圖可以並列看出改變（見第 55 頁樣本）。

量表用詞解釋

1. **容易取得的（accessible）**意指幼兒能拿到並使用教材教具、設施、器材等等。這並非指每一位幼兒在所有的時間裡都能取得。例如，取得也許限定於一個區域裡的固定幼兒人數或者一天當中特定的時間。

2. **大部分的時間（a substantial portion of the day）**意指至少三分之一的時間幼兒可以參與。例如，3 小時課程中的 1 小時或 9 小時課程中的 3 小時。

3. 為了要分辨「**一些**」（some）和「**許多**」（many）的意義，在一些題項的註解中已經將教材分成不同的類項。例如，大肌肉器材被分為固定式設備和可組合式設備；小肌肉教材教具則被分為小型建築玩具、藝術材料、操作性教具和拼圖；自然／科學類的教材教具則如自然物收集、生物、自然／科學的書籍、遊戲或玩具，及自然／科學活動，像烹飪和簡單的實驗。

4. **教師（staff）**通常是指直接參與幼兒教學的人員。在量表中，教師以複數的方式呈現，因為通常一班有一位以上的教師。當個別的教師以不同的方式處理事情，必須要以所有教師對幼兒的整體影響而評分。例如，一間活動室裡一位教師是非常多話的而另一位教師是少話的，分數的判斷則以幼兒語言上的需求是否被滿足來決定。

幼兒學習環境評量表—修訂版的子量表及題項概觀

空間和設施

1. 室內空間

不適當		最低要求		良好		優良
1	2	3	4	5	6	7

1.1 對幼兒*、成人與設施而言空間不足。

1.2 空間缺乏適當照明、通風、溫度控制或是吸音材質。

1.3 拙劣的空間修繕（如，牆上或天花板剝落的油漆；粗糙危險的地板）。

1.4 拙劣的空間保養（如，地板殘留黏膩和污垢；滿出來的垃圾桶）。

3.1 對幼兒、成人與設施而言足夠的空間。

3.2 適當的照明、通風、溫度控制，和吸音設施（如，天花板、地墊）。

3.3 良好修繕的空間。

3.4 適度的清潔†與保養完善的空間。

3.5 對現在所有正在使用教室的幼兒與成人而言，有容易接近的空間‡（如，有坡道和扶手欄杆給使用輪椅及助走器的殘障人士）。

允許不適用

5.1 能給予幼兒與成人自由地四處移動的足夠室內空間（如，家具不會限制到幼兒的移動，提供足夠的空間給殘障幼兒的必要設備）。

5.2 完善的通風，有經由窗戶或天窗的一些自然光。

5.3 殘障的幼兒或成人容易接近的空間‡。

7.1 自然光可以被控制（如，可以調整的百葉窗或窗簾）。

7.2 通風可以被控制**（如，窗戶可以打開，抽風機可由教師來操作）。

註解

* 基本空間需要是以最多數目的幼兒一起上課時的空間需求。

† 每天正常活動中都會有某些雜亂是可以預期的。「適度的清潔」意謂著呈現出一日常維護的證據，比如地板被打掃過與被拖拭過；比如打翻果汁這樣大的髒亂應迅速被清理。

‡ 為了要使室內空間被認為符合最低接受程度，室內空間必須做到讓教室內現有的特殊幼兒和成人均能容易接近。假使有些殘障幼兒和成人不是這一班的成員，指標3.5就評為「不適用」。對得分為5而言，容易接近是必要的，不管有無殘障人士被包含在課程中。因此對5.3而言只能被評為是或否。

**只有在門可以一直打開且安全無慮的情況，才可將通往室外的門視為有通風控制的功能。（如，假使他們有一扇有鎖的紗門或安全柵欄來防止幼兒離開）。

2. 日常照顧／遊戲和學習用的設施*

不適當		最低要求		良好		優良
1	2	3	4	5	6	7

1.1 對日常照顧、遊戲和學習而言基本設施不足（如，沒有足夠的椅子讓所有幼兒同時使用；過少開放式的玩具櫃）。

1.2 可能導致幼兒受傷之拙劣維修的設施（如，破裂的器具或暴露的釘子及椅腳不穩固的椅子）。

3.1 對日常照顧、遊戲和學習而言基本設施是足夠的。

3.2 大部分的設施是堅固且修理完善的。

3.3 有適合殘障幼兒[†]需要的設施（如，對殘障的幼兒而言，可以取得適當的椅子和墊子）。

允許不適用

5.1 大部分的設施都是符合幼兒的尺寸[‡]。

5.2 全部的設施是堅固且修理完善的。

5.3 有適合的設施容納有障礙的幼兒[†]和同儕的融合學習（如，使用特殊椅子的幼兒可以和其他人坐在一起）。

允許不適用

7.1 日常照顧的設施是便於使用的（如，小床和墊子存放在容易被取得的地方）。

7.2 使用木製的長凳、沙／水箱或畫架。

註解

* 基本的設施：作為進餐、吃點心和活動的桌椅；休息或午睡用的地墊或床墊；儲存幼兒用品的櫃子；開架式的矮櫃用來存放遊戲或學習時使用的教材教具。為了要給這些開架式矮櫃分數，這些櫃子必須被用來放置幼兒可以自己取得的玩具和教材教具。

† 假如沒有障礙的幼兒被加進來或有障礙的幼兒不需要使用改裝設施，則 3.3 或 5.3 作「不適用」的記號。

‡ 因為幼兒在不同的年齡有著不同的身體尺寸，這裡的目的就是設施要符合班級幼兒正確的尺寸。比成人使用的家具較小的家具可能對六、七歲的幼兒剛剛好，但卻不夠小到讓二、三歲的幼兒所使用。被認定為幼兒尺寸的椅子，是當幼兒坐著時腳應該要能踩在地板上，椅子的高度應該容許幼兒的膝蓋能放在桌子下，而且手肘能夠放在桌子上。

3. 休息和安撫的設施*

不適當		最低要求		良好		優良
1	2	3	4	5	6	7

1.1 幼兒沒有柔軟性的設施可取用†（如，填塞的沙發家具、墊子、地毯、豆袋椅）。

1.2 幼兒沒有柔軟性的玩具可取用（如，填塞動物、柔軟的洋娃娃）。

3.1 幼兒有一些柔軟性的設施可取用（如，鋪地毯的遊戲區、墊子）。

3.2 幼兒有一些柔軟性的玩具可取用。

5.1 大部分的時間有舒適的區域‡開放讓幼兒使用**。

5.2 舒適的區域不是提供給激烈的體能遊戲使用。

5.3 多數的柔軟性設施是乾淨的和修繕良好的。

7.1 除了有舒適的區域外，還有柔軟性的設施可取用（如，在戲劇扮演區有墊子；數個地毯區或整個房間都鋪地毯）。

7.2 幼兒有許多乾淨柔軟的玩具可取用。

註解

* 休息和安撫的設施，意思是在幼兒學習和遊戲活動中提供幼兒柔軟性。日常照顧設施像小床、毛毯，和午睡的枕頭沒有在這個指標中被評分。

† 看「量表用詞解釋」中「可取得」之限定。

‡ 一個舒適的區域是指一個清楚區隔的空間中有大量的柔軟性設施，在那裡幼兒可以休息、做白日夢、唸書或安靜的玩。例如，它可能是數個椅墊組成的軟墊區；一個沙發椅或是鋪軟墊的床墊。

**看「量表用詞解釋」中「大部分的時間」的解釋。

4. 角落規劃

不適當		最低要求		良好		優良
1	2	3	4	5	6	7

不適當

1.1 沒有明確劃定角落*的範圍。

1.2 在遊戲區的視覺督導是很困難的。

最低要求

3.1 至少有二個明確的角落。

3.2 遊戲空間的視覺督導不困難。

3.3 有足夠的空間同時進行幾項活動（如，給積木用的地板空間；操作用的桌面空間；美勞用的畫架）。

3.4 對團體中的特殊幼兒而言，大部分的遊戲空間是可取得的。

允許不適用

良好

5.1 至少有三個確定的角落並有方便使用的設備（如，接近美勞角有水；有適當的櫥櫃放積木及操作性教具）。

5.2 安靜的和活動的角落放在互不干擾的地方（如，讀或聽的區域和積木及娃娃家分開）。

5.3 空間有規劃所以大部分的活動都不互相干擾（如，有櫃子擋住所以幼兒不會從活動的中間穿越；放家具的地方表示不鼓勵粗魯的遊戲或奔跑）。

優良

7.1 至少要有五種不同的角落提供多樣的學習經驗。

7.2 角落規劃讓幼兒能獨立使用（如，有標示的開放式架子；有標示的玩具容器；開放式的架子上不會過度擁擠；遊戲空間接近玩具儲存的地方）。

7.3 有額外的教材教具可以加入或更換角落。

註解

* 角落（或稱興趣中心）是指一個區域中教材教具得以依類型整理、便於幼兒取用，並有佈置適切的遊戲空間提供給幼兒參與某一類的遊戲活動。角落的例子有美勞活動、積木、戲劇性遊戲、閱讀、自然／科學及操作性／小肌肉。

問題

（7.3）有沒有額外的教材教具可加入角落中？

5. 隱密空間*

不適當		最低要求		良好		優良
1	2	3	4	5	6	7

1.1 不允許幼兒單獨玩或只和某一個小孩玩，而且不受其他幼兒打擾。

3.1 允許幼兒去尋找或創造隱密空間（如，在家具後面或房間區隔物之間；在室外遊戲器材中；在房間內的安靜角落）。

3.2 隱密空間方便於教師的導護。

5.1 在不被其他幼兒干擾處，分隔出能讓一、兩位幼兒玩的空間（如，訂定不打擾他人的規則；用櫃子區隔出來的小空間）。

5.2 隱密空間在一天中大部分的時間均是可使用的。

7.1 隱密空間不只一個。

7.2 教師†設計一些活動讓幼兒在使用這些隱密空間時玩，且與一般的團體活動分開（如，在一安靜的角落裡放兩個木塞板；給一、兩位幼兒使用的電腦）。

註解

* 隱密空間的目的是讓幼兒得以從團體生活壓力中放鬆。若將孩子從團體中隔離出來是被視為處罰，則此題不能得分。一個可以讓一、兩位幼兒玩而避免被其他幼兒干擾，且能被教師導護的地方，即被視為隱密空間。隱密的空間可以用一些物體像書架而創造出來；加強常規使幼兒不可干擾他人；限制在同一個桌上工作的幼兒人數（這類桌子通常放置在不影響通行的地方）。隱密空間的例子如一個小的閣樓區域；只限一、兩位幼兒使用的活動區；一個大型的硬紙板箱子，挖出窗戶、門，並且裡面放置墊子；一個小型的室外遊戲屋。

問題

（7.2）你曾經設計某些僅供給一、兩位幼兒參與，並與其他多數幼兒的活動有所區隔的活動嗎？如果有，請給個例子。

† 「教師」在此是指平時就在教室裡教學的人。某些進入教室內與一、兩位幼兒進行特別活動的專家，不計入這項指標中。

6. 幼兒相關的展示

不適當		最低要求		良好		優良
1	2	3	4	5	6	7

1.1 沒有為幼兒展示的教材教具。

1.2 教材教具不適合主要的年齡層（如，將為較大的學童或成人所設計的教材給學齡前幼兒使用；具暴力的圖片）。

3.1 教材教具適合*主要的年齡層（如，幼兒的照片、童謠，給年齡較大幼兒的閱讀和數學入門的教材；季節性的展示）。

3.2 有些幼兒的作品被展示。

5.1 展示大多與目前班上的活動及幼兒有密切的關係（如，最近活動的美勞作品或照片）[†]。

5.2 大部分的展示物是幼兒的作品。

5.3 許多展示的項目是在幼兒的視線範圍。

7.1 幼兒的個別化作品占大多數[‡]。

7.2 幼兒創作的三度空間作品（如，麵糰、黏土、木工）和平面作品同樣被展示出來。

註解

* 適合的意思是指適合幼兒年齡的發展層次及個別的能力。亦即發展合宜的概念，被應用於本量表中許多題項中。

[†] 最近完成的美勞作品若和教室裡正在進行的其他事件無關，則不被計分。

[‡] 個別化的作品是指每個幼兒可自行選擇主題或材料，並以自己的創意方式來完成的作品。因此，個別化的作品看起來每一個都相當不同。幼兒跟著教師給的範例所做出來的作品是被允許的，但不被視為個別化的作品。

7. 大肌肉遊戲的空間*

不適當		最低要求		良好		優良
1	2	3	4	5	6	7

1.1 室內、室外都沒有可供大肌肉活動的空間。

1.2 大肌肉活動的空間是很危險的（如，需要在忙碌的街道行走一段長路方能到達；同一空間既是遊戲場所也是停車場；沒有柵欄設備的場地）。

3.1 有一些室外或室內的空間供大肌肉活動使用。

3.2 大肌肉活動空間大致是安全的†（如，在攀爬架下有足夠的護墊；室外場地有圍籬）。

5.1 足夠的室外空間和一些室內空間‡。

5.2 大肌肉活動空間是易於讓團體中的幼兒使用的（如，在同一層樓並靠近教室；對特殊幼兒沒有障礙）。

5.3 空間有適當的規劃，所以不同形式的活動不會彼此干擾（如，有輪子的玩具與攀爬設備和球類運動隔開）。

7.1 室外的大肌肉活動空間有多樣性的地面允許不同功能的遊戲（如，沙子、柏油、木屑；草皮）。

7.2 室外場地有一些保護設施（如，在夏天有遮蔽，冬天有陽光，擋風設備，良好的排水裝置）。

7.3 空間具有便利性（如，接近廁所和飲水機；接近器材儲藏室；幼兒可直接從班級走到室外場地）。

註解

* 大肌肉活動空間的評量，一般均是包含室外及室內區域，除非指標中有特別界定是在哪一個區域。所有平時被用來作為大肌肉活動遊戲的區域都應被考量進去，即使評分時沒有看見幼兒在該區域活動。

† 沒有任何一個具挑戰性的大肌肉活動空間能夠永遠確保安全，所以這項指標的目的，主要是要讓會造成重大傷害的成因減低到最小限度，例如，因跌倒而受傷、陷入（entrapment）、身體部位的戳傷，以及被設備所弄傷等。

‡ 在評 5 分時，空間必須要足夠班級團體人數所使用。評分者須弄清楚空間是供班級輪流使用或是許多班級同時使用。有一些室內的大肌肉活動空間是必要的，尤其是在天氣不好的時候。這個空間在平時可供作進行其他活動使用。當需配合特殊環境時（如，壞的天氣或污染；危險的社會情境），園方若有足夠的室內空間和一些室外的空間，也可以給 5 分。

問題

（5.1）有沒有任何室內遊戲空間可供大肌肉活動？特別是在天氣不好的時候。

8. 大肌肉活動的設備*

不適當		最低要求		良好		優良
1	2	3	4	5	6	7

1.1 很少大肌肉活動設備可供幼兒使用。	3.1 有一些大肌肉活動設備,供所有的幼兒每天至少有一個小時可取用†。	5.1 有足夠的大肌肉活動設備讓幼兒使用,所以無須長時間等候。	7.1 固定式和活動式兩種大肌肉活動設備均被使用。
1.2 設備普遍缺乏維修。	3.2 設備普遍維修良好。	5.2 設備能激發幼兒多樣性的技能(如,平衡、攀爬、玩球、駕駛和騎車類的玩具)。	7.2 大肌肉活動設備能刺激不同層次的技能(如,有踏板和無踏板的三輪車;不同大小的球;同時有斜坡和階梯式的攀爬架)。
1.3 大部分的設備不適合幼兒的年齡及能力(如,使用六英尺高的開放式溜滑梯給學齡前幼兒用;成人尺寸的籃框)。	3.3 大部分的設備適合幼兒的年齡及能力。	5.3 改裝‡專門或特別的設備,以提供團體裡的殘障幼兒使用。 **允許不適用**	

註解

* 大肌肉活動設備的例子有:固定式設備方面——如鞦韆、溜滑梯、攀爬架、高架梯;活動式設備方面——如球類和運動設備、車類玩具、翻筋斗墊子、跳繩、豆袋和套環遊戲。在評估大肌肉活動設備時,要同時考慮室內和室外的設備。

† 只有四小時或少於四小時的課程,至少要達到有半小時使用大肌肉設備的要求。

‡ 改裝包括了現有的硬體設備改裝或者特別設計的設備,以及來自教師的協助而使得特殊幼兒能有與其同儕有相似的大肌肉活動經驗。若團體沒有觀察到需要適應的特殊幼兒則可評為「不適用」。

個人日常照顧

9. 接／送*

不適當		最低要求		良好		優良
1	2	3	4	5	6	7

1.1 經常忽略幼兒到園時的招呼。

1.2 幼兒離園缺乏完善的規劃。

1.3 不許家長帶幼兒進入教室。

3.1 大部分幼兒到園時被親切地問候（如，老師看起來很高興見到幼兒，微笑並使用令人愉快的聲調說話）。

3.2 幼兒離園有完善的規劃（如，小孩的東西事先準備妥當以便離園）。

3.3 允許家長帶幼兒進入教室。

5.1 每位幼兒到園時均被分別地問候（如，老師呼喚幼兒的名字打招呼，使用幼兒的母語打招呼）。

5.2 幼兒愉快的離園（如，幼兒不被催促，老師擁抱並對每個人說再見）。

5.3 幼兒家長被老師親切地問候†。

允許不適用

7.1 當幼兒到園時，若需要時會被協助去參與活動。

7.2 一天中幼兒均能忙碌地參與活動，直到離園（如，不會漫長等待而沒有活動；在遊戲中允許幼兒到舒適的地點休息）。

7.3 教師運用接送時間作為與幼兒家長意見分享的時間†。

允許不適用

註解

* 假如只有觀察到一些幼兒的接送情形，就以那些樣本做推論。

† 假如幼兒不是被家長帶入園中的，在 5.3 和 7.3 則以「不適用」計分，並在第 38 題評定家長與教師之間的溝通。對 5.3 和 7.3 而言，並不要求每一位家長都被教師親切地問候或從教師處得到訊息，但一般而言，家長都會被如此地對待。

問題

請你描述每天家長與幼兒到園或離園時的情況？

10. 正餐／點心

不適當		最低要求		良好		優良
1	2	3	4	5	6	7

1.1 正餐／點心時間安排不適當（如，幼兒即使餓了還被要求等待）。

1.2 所供應的食物不符合營養價值*。

1.3 衛生狀況通常沒有維持好（如，大多數的小孩和／或大人在拿食物前沒有洗手；桌子不乾淨；廁所／換尿布的區域和準備食物的區域沒有分開）。

1.4 負面的進餐氣氛（如，教師嚴厲地加強禮儀；強迫幼兒吃東西；混亂的氣氛）。

1.5 對於食物過敏的幼兒沒有調整措施。

允許不適用

3.1 適合幼兒的時間安排。

3.2 良好均衡的正餐／點心*。

3.3 經常維持衛生的狀態†。

3.4 在正餐／點心時沒有懲罰的氣氛。

3.5 有過敏幼兒的公告和替代性食物／飲料的準備。

允許不適用

3.6 殘障幼兒和其他同儕坐同桌進食。

允許不適用

5.1 在正餐和團體吃點心時大部分教師和幼兒們坐在一起。‡

5.2 愉快的社交氣氛。

5.3 幼兒被鼓勵自己進食（如，提供幼兒尺寸的餐具；給殘障幼兒特殊的湯匙和杯子）。

5.4 遵循幼兒家庭的飲食限制。

允許不適用

7.1 在正餐／點心時讓幼兒協助（如，擺設餐桌；自己端菜／給菜；清理桌子；擦拭溢出的東西）。

7.2 使用幼兒尺寸的餐具讓幼兒容易自己動手（如，幼兒用的小水壺，耐用的碗和湯匙）。

7.3 吃正餐和點心的時間也可用來談天（如，教師鼓勵幼兒們說說今天所發生的事和說些幼兒們有興趣的事；幼兒們和其他幼兒說話）。

註解

* 營養適當性的判斷乃是根據幼教課程的營養指導綱要，比如美國農業部或加拿大的指導綱要。除了觀察所供應的食物之外，還要檢查一星期的菜單。若有偶爾不符合指導綱要的特殊情形應該不影響評分——例如，生日派對用小蛋糕代替預定的點心。假如沒有提供菜單，則要求教師形容上星期所供應的正餐／點心。

† 若衛生狀況經常維持，以及洗手和其他衛生步驟有明顯地成為課程中的一部分，3.3 就可以給分，即使有偶爾沒做到的情況發生。

‡ 雖然教師可能需要離開桌子去協助弄餐點，但大多數的時間必須和幼兒們坐在一起。並不要求每一桌都要有一位教師。有些教師可能需要幫忙給菜，但其他教師仍可和幼兒們坐在一起。

問題

（1.5，3.5，5.4）如果幼兒有食物過敏或其家庭有飲食限制時，你會怎麼做？

11. 午睡／休息*

不適當		最低要求		良好		優良
1	2	3	4	5	6	7

1.1 午睡／休息的時間安排對大多數的幼兒而言是不恰當的†。	3.1 午睡／休息時間安排對大部分幼兒是適合的（如，大部分幼兒睡了）。	5.1 協助幼兒放鬆（如，可愛的玩具；輕音樂；搓揉背部）。
1.2 午睡／休息的提供是不衛生的（如，擁擠的區域；骯髒的床單；不同的幼兒使用相同的寢具）。	3.2 提供衛生的午睡／休息（如，區域不擁擠；乾淨的寢具）。	5.2 有助於休息的空間（如，昏暗的燈光；安靜；小床放在隱密的地方）。
1.3 幾乎沒有導護或導護過於嚴厲。	3.3 整個午睡／休息時間提供足夠的室內導護‡。	5.3 所有的小床或床墊（或墊被）至少相隔三英尺（約91公分）或以堅固的隔板隔開。
	3.4 平靜溫和不具懲罰性的導護。	

7.1 午睡／休息時間安排具有彈性，能符合個人的需求（如，遊戲時間，疲勞的幼兒有地方可休息）。	
7.2 對早起的幼兒和不午睡的幼兒有所安排（如，允許早起的幼兒讀書或安靜地遊戲；為不午睡／休息的幼兒提供個別的空間與活動）。	

註解

* 對於為時四個小時或不足四個小時不提供午休的課程而言，此題為「不適用」。對於時間長的課程而言，午睡／休息應該以幼兒的年齡和個別需求為基礎。

† 不恰當的時間安排意謂著午休不是太晚就是太早（如，幼兒在午睡之前就感到疲倦很久或午休時幼兒還不準備睡覺），或讓幼兒一直睡覺或者停留在床上太久的時間（如，超過2小時），這樣可能會干擾到家庭日常的睡眠時間。

‡ 充分的導護意謂著有足夠的教師在場，當狀況緊急時能保護幼兒的安全，並能處理已起床或需要協助的幼兒，至少有一個醒著的教師一直在房間內。

問題

請你描述如何去處理午睡或休息的時候？

（3.3）在午休時教師的導護工作內容為何？

（3.4，7.2）假使幼兒在午休時間前就疲倦了，或幼兒無法安靜下來，或太早起床，你通常如何處理？

（5.3）床或墊子的放置通常相隔多遠？

12. 如廁／換尿布

不適當		最低要求		良好		優良
1	2	3	4	5	6	7

不適當

1.1 未保持廁所的環境衛生（如，髒的廁所／水槽；尿布桌／練習用的小馬桶每次使用後未立刻清潔；廁所很少沖洗）。

1.2 缺乏基本的供應而妨礙了幼兒的日常照顧*（如，沒有衛生紙或香皂；許多幼兒用同一條毛巾；沒有自來水）。

1.3 在上完廁所／換過尿布後教師或幼兒經常忽略洗手†。

1.4 不適當‡或不愉悅的導護幼兒。

最低要求

3.1 保持環境的衛生。

3.2 幼兒日常照顧的基本供應不缺。

3.3 大部分時間教師和幼兒在如廁後有洗手‡。

3.4 如廁的時間安排符合幼兒的個別需求。

3.5 針對幼兒的年齡及能力提供適當的導護。

良好

5.1 環境衛生易於維護（如，沒有使用訓練用的小馬桶**；在廁所及尿布桌附近有溫水供應；容易清洗的桌面）。

5.2 供應方便性和易取得性給團體中的幼兒（如，當需要時在馬桶或水槽附近設有階梯；有扶手給肢體障礙的幼兒用；廁所就在教室旁）。

5.3 愉快的師生互動。

優良

7.1 提供幼兒尺寸††的馬桶和矮的水槽。

7.2 當幼兒準備好時，教師會逐步增進幼兒自助的能力。

註解

* 萬一有特別需要的情形，如幫較大幼兒換尿布或導尿，必須在保持衛生的情況下並保護到幼兒的自尊。

† 假設你所看見的洗手是每天發生的典型，就根據你所看到的評 1.3 和 3.3。假如有75%的成人和幼兒在該洗手的時候有洗手，就給 3.3 分數。即使戴了手套，成人還是要洗手。

‡ 不適當的導護是指教師沒有監督或保護幼兒的安全，或者沒有確實地執行清潔程序（如，洗手）。

** 訓練用的小馬桶可能成為健康上的危害，應該盡量避免使用。在極少的個案中有需要用到訓練用的小馬桶，當這小馬桶只給有特殊需要的幼兒使用並且每次使用後都消毒，可以給 5 分。

†† 幼兒尺寸的水槽和馬桶有固定的尺寸且比正常尺寸小一些或矮一些，並且不需要改裝，如馬桶椅和階梯。

13. 健康實務

不適當		最低要求		良好		優良
1	2	3	4	5	6	7

1.1 教師平常沒有採取降低細菌散布的行動*（如，動物在室外或室內遊戲區弄髒污損的痕跡；幼兒鼻涕沒有擤乾淨；紙巾或髒尿布沒有被適當地處理；準備食物與換尿布或廁所太靠近）。

1.2 在室內或室外之幼兒照顧區域允許抽煙。

3.1 教師與幼兒在擤完鼻涕、觸摸動物，或弄髒之後，會正確地洗手†。

3.2 教師通常會採取防止細菌散布的行動。

3.3 在幼兒照顧區不允許有人抽煙。

3.4 採取將傳染病散播減至最低的措施（如，確定幼兒接受免疫接種；使幼兒免於接觸傳染病；教師至少每兩年接受一次肺結核病檢查）。

5.1 幼兒在室內和室外都會依照環境狀況而有適當的穿著（如，在寒冷的日子會把濕衣物換下來；在冷天會穿著暖和的衣物）。

5.2 教師是健康實務之良好典範（如，在幼兒面前只吃對身體有益的健康食物；檢查幼兒盥洗室內並常沖馬桶）。

5.3 照顧幼兒的外觀（如，幫幼兒洗臉、更換髒衣物；在會弄髒的遊戲中讓幼兒使用圍兜）。

7.1 幼兒被教導能獨立地處理健康實務（如，教導幼兒正確的洗手技巧，自己穿上外套或圍兜，提醒幼兒要沖馬桶；使用與健康有關的書籍、圖片及遊戲）。

7.2 幼兒個人牙刷適當地被標示與收存；在全日班‡的課程中至少要求幼兒刷一次牙（如，牙刷被妥當的放置，如此不會隨便被碰觸到且刷毛可被風乾）。

允許不適用

註解

* 有血液和其他體液流出的區域必須被清理得很乾淨並且消毒過。當處理血液時應該戴手套。

† 正確地洗手是指雙手以肥皂和流水徹底地被洗滌，並且要以私人的毛巾擦乾，或以吹風機烘乾。因為在用餐時間和在上廁所後洗手在其他題被評分，所以評 3.1 是以所有其他應洗手狀況之滿足。當你觀察到實際洗手的次數占應該洗手次數的 75%時，就可以給 3.1 分數。不含水的殺菌洗滌劑用品或擦拭品在必要的時候也可以使用，比如在操場上擤鼻涕時。

‡ 如果每天的上學時間少於六小時，就評「不適用」。

問題

（3.4）你如何確定幼兒接受了必要的疫苗接種？你有不使幼兒接觸到傳染病的規則嗎？請描述之。教師是否需要接受肺結核病的檢查？多久實施一次？

（7.2）幼兒刷牙嗎？如何處理幼兒刷牙的工作？（並要求查看幼兒的牙刷。）

14. 安全實務

不適當		最低要求		良好		優良
1	2	3	4	5	6	7

1.1 在室內有數個可能導致嚴重傷害的危險處*。

1.2 在室外有數個可能導致嚴重傷害的危險處†。

1.3 導護不足以保護在室內及室外幼兒的安全（如，太少教師；教師忙於其他事務；幼兒接近有潛在危險的地方沒有人導護；沒有進教室或離開時的檢查程序）。

3.1 在室內或室外沒有明顯的有安全危害之虞。

3.2 充分的導護足以保護在室內及室外幼兒的安全。

3.3 備有處理緊急事故所需的必要用品並容易取得（如，電話、緊急求助號碼、代理老師、急救箱、運輸工具、明文公佈的危機處理程序）。

5.1 教師預先處理並主動預防安全問題（如，移開攀爬器材下的玩具；危險區域上鎖以避免幼兒進入；擦拭溢出的汁液以防止孩童跌倒）。

5.2 教師對幼兒解釋安全規則的理由。

7.1 遊戲區域被妥善安排以避免安全問題（如，年齡較小的幼兒在分開的遊戲場或在不同的時間玩；室外遊戲器材有適當的尺寸及不同的挑戰層次）。

7.2 幼兒通常都能遵守安全規則（如，在溜滑梯上不推擠、不爬上書櫃）。

註解

以下所列出的主要危險處尚不完整，確定要在計分表上記下所有安全有虞的問題：

* **一些室內的安全問題：**
－插座沒有安全開關
－鬆落的電線
－會被小孩拉扯下來的重物或家具
－藥物、清潔劑、其他標示為「避免被小孩拿到」的物品沒有上鎖
－爐上的水壺柄容易被小孩拿到
－易被接近的爐子開關
－水溫太高
－會滑的腳墊或地毯
－使用中但欠缺保護措施的爐子或壁爐

－開放式且幼兒可接近的樓梯井
－在大門口前的遊戲區

† **一些室外的安全問題：**
－非幼兒使用的工具容易被取得
－標示「避免被小孩拿到」的物品沒有鎖起來
－可見到尖銳或危險的物品
－不安全的走道或樓梯
－很容易就能跑到馬路上
－易接近有礙健康的垃圾
－遊樂器材太高，沒有良好的維護，不穩固

－遊戲器材有塌陷，傷人的銳角或突出物

問題

（5.2）你和幼兒討論安全問題嗎？你們討論些什麼事呢？

語言—推理

15. 書籍與圖畫

不適當		最低要求		良好		優良
1	2	3	4	5	6	7

1.1 可取得的圖書很少。

1.2 教師很少閱讀圖書給小孩聽（如，沒有每天的故事時間；很少為個別幼兒閱讀）。

3.1 有一些幼兒可取得的圖書（如，在自由活動時間有足夠的圖書可以避免幼兒間的衝突）。

3.2 每天至少有一次教師引發的幼兒接納性語言活動（receptive language）（如，唸書給小孩聽*、說故事、用絨布板說故事）。

5.1 選擇廣泛的書籍†讓幼兒在大部分時間內可取得。

5.2 每天會使用一些額外的‡語言教材。

5.3 圖書整理放置於圖書角。

5.4 圖書、語言教材和活動適合**班級幼兒的年齡和需求。

5.5 教師以非正式方式唸書給幼兒聽（如，自由遊戲、午睡時間的唸故事，被視為一種延伸活動）。

7.1 書籍和語言的教材會交換輪替以維持幼兒的興趣。

7.2 有一些書籍與教室中進行的活動或主題有關（如，向圖書館借閱以季節為主題的書籍）。

註解

* 唸書給小孩聽可以是在小組或是團體中，端視幼兒參與故事的能力而定。

† 選擇廣泛的書籍包括：各種主題；想像和寫實的資訊；關於人、動物，和科學的故事；反應不同文化和能力的書籍等。

‡ 其他額外的語言教材例如，海報和圖畫、絨布板故事、圖卡遊戲，和故事錄音帶及歌曲。

** 適合的教材和活動的例子包含較簡單的書供年幼幼兒閱讀；有較大字體的印刷教材給視力障礙幼兒；有關於幼兒母語的書籍；提供給較年長幼兒的音韻遊戲。

問題

（7.1）有沒有其他的圖書可以供給小孩使用？怎樣處理？

（7.2）你如何選擇書籍？

16. 鼓勵幼兒溝通*

不適當		最低要求		良好		優良
1	2	3	4	5	6	7

1.1 教師沒有使用活動來鼓勵幼兒交談（如，不做下列事情：談論繪畫，説故事，在團體時間分享意見、手指謠、唱歌等）。

1.2 極少有可用來鼓勵幼兒溝通的教材†。

3.1 教師使用一些活動來鼓勵幼兒溝通。

3.2 有一些鼓勵幼兒溝通的教材是可取得的。

3.3 所進行的溝通活動適合班級幼兒的年齡和能力。

5.1 不論是自由遊戲或團體時間都有溝通的活動進行（如，幼兒訴説他的圖畫；小組中討論到商店之戶外教學）。

5.2 鼓勵幼兒溝通的教材可以在各個角落中被取得（如，小人偶或動物在積木角；布偶和絨布板放在圖書角；在室內或室外有戲劇扮演用的玩具）。

7.1 在溝通活動中，教師會依據幼兒的年齡和能力適當地平衡聽和説的部分（如，留一些時間給幼兒做回應；幫溝通能力不足的幼兒做説明）。

7.2 教師會將幼兒口述對話與書寫語言連結起來（如，寫下幼兒所説的話並讀給他聽；幫助幼兒寫便條紙給家長）。

註解

* 不同年齡或能力的幼兒，或者所使用的母語有異於班級大多數人的幼兒，均需要用不同的方法來鼓勵他們溝通。應讓説不同母語的幼兒或者那些需要其他溝通方法的幼兒提供適當的溝通活動，如手語或者使用放大的溝通板裝置。

† 鼓勵語言表達的教材包括電話遊戲、玩偶、絨布故事板、娃娃和扮演的道具、小的人偶或動物；給殘障幼兒的溝通板和其他協助的裝置。

問題

（7.2）你有沒有做任何事可幫助幼兒看到他們所説的話能被寫下來，並且由他人讀出來？請給一些例子。

17. 使用語言發展推理技巧

不適當		最低要求		良好		優良
1	2	3	4	5	6	7

1.1 教師並未向幼兒說明邏輯關係（如，忽略幼兒的問題和為什麼事情會發生的好奇心；不要求注意日常活動的順序、數目、大小、形狀上的異同、原因和結果）。

1.2 提出的概念*不適當（如，對於幼兒的年齡和能力而言，概念太困難；使用不適當的教學方法，如使用沒有任何具體經驗的學習單；教師只提供答案而不幫助幼兒理解事情）。

3.1 教師有時會談到邏輯關係或概念（如，解釋用餐後是戶外時間；指出幼兒使用的積木在大小上的差別）。

3.2 以語言及具體的經驗且適合團體中幼兒的年齡和能力來介紹一些概念（如，以問題引導幼兒和說明分類大小積木或理解冰塊融化的原因）。

5.1 當幼兒玩激勵推理的教具時，教師會與其討論邏輯關係（如，排順序卡片；同／不同的遊戲；大小和形狀的玩具；分類遊戲；數字和數學遊戲）。

5.2 當解答問題時，鼓勵幼兒說完或解釋他們的推理（如，為什麼幼兒將物體分類成不同組；兩張圖哪裡相同，哪裡不同）。

7.1 教師鼓勵幼兒整日推理，以實際的結果和經驗為基礎來發展概念（如，幼兒以討論他們日常作息時間的經驗，或回想一個烹飪計畫的順序來學習相關的次序）。

7.2 依幼兒的興趣或需要解決的問題來介紹概念（如，說出如何平衡高的積木建築物；幫助幼兒理解擺設餐桌需要多少湯匙）。

註解

* 概念包含：相同與不同、配對、分類、次序、一對一的對應、空間關係、原因和結果。

18. 非正式語言的使用*

不適當		最低要求		良好		優良
1	2	3	4	5	6	7

1.1 教師和幼兒說話主要是為了控制他們的行為和管理秩序。

1.2 教師很少回應幼兒的談話。

1.3 幼兒整天都不被鼓勵說太多話。

3.1 有一些師生互動的對話† (如,問是或否的簡短問句;對幼兒的問題給予簡短的回答)。

3.2 幼兒整天都被允許說很多話。

5.1 在自由遊戲時間和例行活動時間有許多師生互動。

5.2 語言主要用於教師和幼兒為了社會性的互動而交換訊息。

5.3 教師加入訊息來擴充‡幼兒所表達的想法**。

5.4 教師鼓勵幼兒間的交談,包括那些特殊幼兒 (如,提醒幼兒傾聽其他人;當同學中有人使用手語,教所有的幼兒使用手語)。

7.1 教師和大部分的幼兒有個別性的對話**。

7.2 以問問題的方式鼓勵幼兒給較長較複雜的回答** (如,較小的幼兒就問「什麼」或「哪裡」;較大的幼兒就問「為什麼」或「如何」等問題)。

註解

* 當不同的教師和幼兒一起活動時,這一題的重點在於教師與幼兒的交談。這一題的目的是幼兒語言刺激的需求要被符合。

† 為了要給「交談」分數,師生雙方需要有一些相互的傾聽和談話／回應。這是不同於單向溝通,例如,給一些指示或命令。對於語言能力較差的幼兒,回應也許不是用文字,還可以包括姿態、手語,或對話的方法。

‡ 擴充意義,教師用較多的語彙來增加幼兒所說的訊息。例如,一位幼兒說:「看這個卡車。」而教師就回應:「這是一個紅色的卡車。看,它有一個可以載東西的地方。」

** 必須要被觀察到好幾次,才給這個指標分數。

活動

19. 小肌肉活動

不適當		最低要求		良好		優良
1	2	3	4	5	6	7

1.1 日常中很少適合小肌肉活動發展的教材教具可以被取得。

1.2 小肌肉活動教材教具維修拙劣或者不完整（如，拼圖有缺少；釘板的釘子太少）。

3.1 可取得一些適合發展的各種小肌肉活動的教材教具*。

3.2 大部分的教材教具是維修完善且完整的。

5.1 一天中大部分的時間裡可取得許多適合發展的各種小肌肉活動的教材教具。

5.2 教材教具有良好的規劃（如，釘子和釘板放在一起，建構的玩具組分開放置）。

5.3 可取得不同難度的教材教具（如，同時有一般和旋轉的拼圖讓幼兒運用不同的小肌肉技能）。

7.1 教材必須常輪換以便維持幼兒的興趣（如，將幼兒失去興趣的教材教具拿走，對不同的教材教具加以說明）。

7.2 為了鼓勵自助能力，將裝教具的容器和可取得的儲存架上貼上標籤（如，使用照片或圖形貼在容器和架子上；對一些較大的幼兒可在標籤上加上一些字）。

註解

* 有幾種不同型式的小肌肉活動的教材教具，包括小型建構玩具，如，組合性積木和林肯原木；美勞教材，如，蠟筆和剪刀；操作性教材教具，如，將不同尺寸的珠子串起來，釘子和釘板，洞洞板；以及拼圖。

問題

（5.1）這些操作性和小肌肉活動的教材教具何時讓幼兒使用？

（7.1）你有沒有和幼兒使用其他的小肌肉活動教材教具？如何處理？

20. 藝術*

不適當		最低要求		良好		優良
1	2	3	4	5	6	7

1.1 很少提供藝術活動給幼兒。

1.2 在藝術活動中沒有個人的表達方式†（如，著色練習圖；教師指導的教案並要求幼兒模仿範本）。

3.1 每天至少一小時可使用一些藝術材料‡。

3.2 使用美術材料時，允許一些個人的表達方式（如，允許幼兒用自己的方式來裝飾事先裁好的圖形；對教師指導的教案加以擴充，允許一些具個人特色的作品）。

5.1 每天中大部分時間可使用很多各式各樣的藝術教材。

5.2 使用藝術教材展現豐富的個人表達方式（如，很少使用按照範例的教案；幼兒的作品多樣化且個別化。）

7.1 每個月都有立體的藝術教材（如，黏土、捏麵、木頭黏合、木工手藝）。

7.2 一些藝術活動與其他課堂上的經驗相關（如，當學習季節時，用秋天的色彩作畫；戶外教學後，鼓勵幼兒作畫）。

7.3 為四歲及更大的幼兒提供設施，以擴展可延續好幾天的藝術活動（如，作品收藏，如此工作可持續下去；鼓勵製作多重步驟的作品）。

允許不適用

註解

* 藝術教材的例子：繪畫材料像紙、蠟筆、不含毒性的氈毛筆、素描筆、顏料；三度空間材料像捏麵、黏土、木頭黏合，或木工手藝；拼貼畫材料工具像安全剪刀、釘書機、打洞機、膠帶台。

† 「個人表達」意謂每個幼兒可以選擇主題及（或）美術形式，並且依他（她）的方式來完成作品。每一幅圖畫都不相同，因為幼兒們沒有被要求去模仿一個範例或被指定去畫一個主題，這些就被視為「個人表達」。

‡ 有三歲以下或有某些發展遲緩幼兒的群體，教師們可以拿一些每天使用得到的材料，並長期密切指導，只要學生有興趣。美術材料可能需要作些修改，讓殘障幼兒容易使用及可以使用。

問題

(7.1) 曾經使用過像黏土或木頭黏合的三度空間藝術教材嗎？如果有，多久用一次？

(7.2) 你如何選擇要提供幼兒什麼樣的藝術活動？

(7.3) 你提供的藝術活動可以讓幼兒作好幾天嗎？請描述一些例子。

21. 音樂／律動

不適當		最低要求		良好		優良
1	2	3	4	5	6	7

1.1 沒有給幼兒音樂或律動的經驗。

1.2 每天大部分的時間播放大聲的背景音樂，而妨礙正在進行的活動（如，不斷的背景音樂，使得以正常的聲調講話有困難；音樂增加了噪音的程度）。

3.1 有一些可供幼兒使用的音樂教材教具（如，簡單的樂器；音樂玩具；有錄音帶的錄音機）。

3.2 教師每天至少安排一次音樂活動（如，和幼兒一起唱歌；在休息時間播放柔和音樂、播放舞蹈用的音樂）。

3.3 每個星期至少有一些律動／舞蹈活動（如，伴隨音樂前進或做動作；伴隨歌曲或韻律做動作；給幼兒領巾並鼓勵隨音樂跳舞）。

5.1 很多音樂的教材教具可供幼兒使用（如，有樂器、錄音機、舞蹈道具的音樂區；為特殊幼兒而整修的音樂區）。

5.2 和小孩一起使用各種不同的音樂（如，古典音樂、流行音樂；不同文化的音樂特性；用不同的語言唱的一些歌曲）。

7.1 提供作為每天自由選擇和團體活動的音樂。

7.2 偶爾*提供能擴展幼兒對音樂了解的音樂活動（如，邀請客人演奏樂器；幼兒製作音樂樂器；教師設計幫助幼兒聽出不同的聲調的活動）。

7.3 隨著音樂活動，鼓勵要有創意（如，要求幼兒用新的歌詞唱歌；鼓勵個別舞蹈）。

註解

* 指標中的「偶爾」意指每年 3-4 次。

問題

你如何和幼兒安排音樂活動？

（3.2）你多常和幼兒進行音樂活動？

（3.3）幼兒們曾經進行律動或舞蹈活動嗎？大約多久進行一次？

（5.2）你和幼兒們使用何種音樂？

（7.2）你曾經進行特別的音樂活動嗎？

（7.3）幼兒們有機會以他們自己的方式進行音樂的活動嗎？

22. 積木*

不適當		最低要求		良好		優良
1	2	3	4	5	6	7

1.1 很少量的積木可以提供給幼兒玩。

3.1 有足夠的積木和配件†能讓至少兩位幼兒同時建構不同的東西。

3.2 有清楚的地面空間來玩積木。

3.3 每天都可以取用積木和配件。

5.1 有足夠的積木和配件能讓三、四位幼兒同時建構不同的東西。

5.2 積木和配件依種類分類。

5.3 在遠離交通要道的地方有特定的積木角,有儲存的空間及適合建構的表面(如,平坦的地毯或其他穩固的表面)。

5.4 在一天中大部分的時間可以玩積木。

7.1 至少要有兩種不同的積木和多種的配件,並且每天都可以取用積木(如,大和小積木;自製和購買積木)。

7.2 積木和配件都被放置在開架式有標示的架子上(以圖畫或積木的外形做標示)。

7.3 有一些積木可以放在室外玩。

註解

* 積木是用來建構較大型的結構。積木的種類是指單位積木(木頭製的或塑膠製的,形狀包括長方形、三角形和圓柱形);大型空心積木(木頭製的、塑膠製的或硬紙板製的);自製積木(塑膠盒或紙盒)。小型的連接式積木,例如,樂高積木,則放在第 19 題評分。

† 配件可以豐富積木的遊戲。例如,玩具人、動物、車子及路標。

問題

(3.3) 多常玩積木?玩積木可以玩多久的時間?

(7.3) 幼兒可以在室外玩積木嗎?

23. 沙／水*

不適當		最低要求		良好		優良
1	2	3	4	5	6	7

不適當	最低要求	良好	優良
1.1 室內或室外都沒有可供玩沙或水的遊戲設備†。	3.1 室內或室外，有些沙或水的遊戲設備可被取得‡。	5.1 提供沙和水的遊戲（室內或室外）。	7.1 室內和室外都有提供沙和水的遊戲。
1.2 沒有玩具用來玩沙或水。	3.2 可取得一些玩沙／水的玩具。	5.2 多樣化的玩具可被取得來玩（如，容器、小鏟子、湯匙、大鏟子、漏斗、壺、平底鍋、模型、人型玩具、動物和卡車）。	7.2 用沙或水做不同的活動（如，在水上增加泡沫、換沙桌裡的材料，如用米代替沙子）。
		5.3 每天至少一小時提供沙或水遊戲給幼兒。	

註解

* 容易被倒出來的材料，如米、扁豆、餵鳥的種子和玉米片都可以取代沙子。沙子和沙子的代替品必須有足夠的數量，讓幼兒可以挖掘它、裝在容器裡和倒出來。

† 「提供」沙或水需要教師為這樣的遊戲準備適當的材料。在遊樂場上允許幼兒玩攪拌或挖掘泥土的遊戲，並不符合這個指標的要求。

‡ 並非每間教室都要有自己的沙水桌，但是，如果是和別班共用，必須是在一般時間都能使用這個沙水桌。

問題

（3.1）你會給幼兒使用沙或水嗎？如何處理？大約多久一次？在何處玩沙或水？

（3.2）有任何玩具是在沙或水的遊戲中被幼兒使用？請描述有哪些。

（7.2）你會改變幼兒玩沙或水的活動嗎？

24. 戲劇遊戲*

不適當		最低要求		良好		優良
1	2	3	4	5	6	7

1.1 沒有提供可裝扮或戲劇遊戲的材料或器材。

3.1 可取得一些戲劇遊戲的材料和家具，所以幼兒可以扮演他們家庭中的角色（如，裝扮的服飾，扮家家酒的道具、娃娃）。

3.2 每天至少有一個小時可取得教材教具。

3.3 戲劇遊戲的教材有分開儲存。

5.1 可取得許多戲劇扮演的材料，包括裝扮的服飾†。

5.2 一天中大部分的時間可取得教材教具。

5.3 每天可取得至少二種以上的道具（如，家務或工作）。

5.4 明確劃分的戲劇遊戲區，有遊戲空間和有規劃的儲存。

7.1 教材教具依多種的主題而輪換（如，工作主題、幻想主題、休閒主題的道具箱）。

7.2 提供多樣化的道具箱（如，呈現多種文化的道具箱；殘障人士所使用的器材）。

7.3 為活潑的室外戲劇遊戲提供道具‡。

7.4 運用圖片、故事和旅遊來豐富戲劇遊戲。

註解

* 戲劇遊戲是假扮或使人相信的遊戲。這種形式的遊戲通常發生在幼兒以真人演出和當他們操作一些人物，如在小房子裡的小玩具人。戲劇遊戲可經由道具來增強鼓勵多樣性的主題，包括扮家家酒（如，娃娃、幼兒尺寸的家具、裝扮服飾、廚房用具）；不同種類的工作（如，辦公室、建築工地、農場、商店、消防隊、交通工具）；幻想（如，動物、恐龍、故事書裡的角色）；和休閒（如，露營、運動）。

† 裝扮服飾不應只包括高跟鞋、衣服、皮包和通常在娃娃家會有的女人的帽子，還應該包括男人和女人在工作時，會穿戴的如安全帽、公車司機的帽子、牛仔帽，還有慢跑鞋、簡便的領帶和夾克。

‡ 這個指標的目的是提供幼兒一個足夠大的空間，這麼一來他們的戲劇遊戲就可以是非常熱鬧和吵雜的，而且不會干擾其他的活動。一個大的室內空間，如體育館或多功能的教室也可用來取代室外空間。可以將結構（如，小房子、汽車，或者船）和道具提供給幼兒作為露營、烹飪、工作、運輸，或者裝扮用。

問題

(7.1) 有任何其他幼兒可使用的戲劇遊戲道具嗎？

(7.3) 戲劇遊戲的道具曾經在室外或較大的室內空間使用過嗎？

(7.4) 你（老師）有沒有做任何可以擴展幼兒戲劇遊戲的事情？

25. 自然／科學*

不適當			最低要求		良好		優良
1	2		3	4	5	6	7

1.1 有關自然／科學方面的遊戲、教材或是活動是不可取得的。

3.1 有兩類來自於自然／科學的適合發展的遊戲、教材，或者活動是可取得的。†

3.2 每天都可取得教材教具。

3.3 鼓勵幼兒帶自然類的東西和其他人分享或增加收藏（如，從遊戲場帶來的落葉；帶寵物來）。

5.1 有三類來自自然／科學的適合發展的遊戲、教材及活動是可取得的。

5.2 一天中大部分的時間可取得教材教具。

5.3 自然／科學類的教具有良好的規劃並且狀況很好（如，收藏存放在分開的容器內、動物的籠子很乾淨）。

5.4 每天的事件都被視為一種基本的自然／科學的學習（如，談天氣；觀察昆蟲和鳥類；討論季節的變換；在有風的時候吹泡泡或放風箏；觀察融雪和結冰）。

7.1 教師至少每兩週一次提供自然／科學性的活動（如，烹飪；測量下雨量；野外教學）。

7.2 運用書籍；圖片和（或）視聽教材來增加資訊和擴充幼兒實際的經驗。

註解

* 自然／科學類的教材教具包括自然物品的收藏（如，岩石、動物、種子），照顧和觀察生物（如，家中的植物、園地、寵物），自然／科學的書籍、遊戲或玩具（如，自然的配對卡、自然的序列卡），自然／科學活動像烹飪和簡單的實驗（如，磁鐵、放大鏡、浮和沉）。

† 開放性的自然／科學類教材教具是幼兒可以自己的方式探索，通常在年齡和能力上的發展是較廣泛的。教材教具若需要超過幼兒自己的能力或者不足以挑戰幼兒都是不適合發展的。例如，讓幼兒填上溫度計上紅線的位置來辨別冷和熱或許適合五歲的幼兒，但是不適合兩歲的幼兒。

問題

（3.3）幼兒會帶一些自然或科學類的東西來分享嗎？你會如何處理？

（7.1）除了我所看到的，你可否給我一些你曾帶幼兒作過的自然／科學活動？這些活動多久做一次？

（7.2）你曾和幼兒使用過自然／科學類的書籍或錄影帶嗎？請描述。

26. 數學／數字*

不適當		最低要求		良好		優良
1	2	3	4	5	6	7

1.1 沒有數學／數字的教材教具可取得。

1.2 以機械式的計算或學習單教導基礎數學／數字。

3.1 可取得一些適合發展的數學／數字的教材†。

3.2 每天可取得教材教具。

5.1 可取得許多適合發展且多樣的教材教具（如，計算、測量、學習形狀和尺寸的教材教具）。

5.2 一天中大部分的時間可取得教材教具。

5.3 教材教具有良好的規劃並且狀況很好（如，依型態分類；遊戲需要的零件都收集放一起）。

5.4 使用日常活動來增進數學／數字的學習（如，排餐具；計算爬行步數；用計時器來輪流）。

7.1 教師至少每兩週提供一次數學／數字的活動（如，製表比幼兒的身高；在餵鳥的時候計算和記錄鳥的數量）。

7.2 教材教具要輪替以保持興趣（如，以恐龍代幣代替泰迪熊代幣；稱不同物品的重量）。

註解

* 數學／數字的教材幫助幼兒體驗數數、測量、比較數量、認識形狀、熟悉書寫的數字。數學／數字教材的例子，如，用來數數的小東西、天秤、尺、數字拼圖、磁性數字；數字遊戲，例如，骰子、數字賓果，和幾何形狀，例如，鑲嵌地板。

† 適合發展性的數學／數字教材教具允許小孩用具體的物品來體驗數量、尺寸和形狀，當他們發展概念時，他們需要這些以應付未來上學後學習更多抽象課業的需求，如加法、減法，完成紙上的數學問題。教材或活動是否為適合的，是基於幼兒的能力和興趣。偶爾給已有許多具體操作經驗的五歲幼兒一次學習單或許是適當的，但對二至三歲的小孩就不適當了。

問題

（7.1）你能給我一些你和幼兒一起做而我沒有看過的數字活動的例子嗎？

（7.2）還有任何其他的數學教材教具可用來教幼兒嗎？如何進行？

27. 電視、錄放影機及／或電腦的使用*（允許不適用）

不適當		最低要求		良好		優良
1	2	3	4	5	6	7

1.1 教材的使用是不適合發展的（如，暴力或色情暗示的節目；恐怖的人物或故事；太難的電腦遊戲）。

1.2 當電視／電腦活動進行時，不允許有其他活動（如，所有的小孩必須一起看節目）。

3.1 所有教材的使用都沒有暴力並有教化的意義。

3.2 當電視／電腦被使用時有其他替代性的活動。

3.3 有限制幼兒使用電視／錄放影機或電腦的時間（如，每天只放一小時的電視／錄放影機；每天輪流使用電腦二十分鐘）。

5.1 教材的使用以「對小孩好」的考慮為限（如，芝麻街教育性錄影帶及電腦遊戲，但大部分不是卡通）。

5.2 電腦的使用當作許多自由選擇的活動之一。

允許不適用

5.3 大部分教材鼓勵主動參與（如，小孩可以跟著錄影帶跳舞、唱歌、運動；電腦軟體鼓勵小孩思考和做決定）。

5.4 教師主動地參與使用電視、錄放影機或電腦（如，和幼兒一起看錄影帶並討論；主動建議教育性節目；幫助小孩學習使用電腦軟體）。

7.1 有一些電腦軟體是鼓勵創造力的（如，創造性的畫圖或彩繪軟體；在電腦遊戲中解決問題的機會）。

允許不適用

7.2 教材是用來支援及擴展教學主題及活動（如，昆蟲的光碟或影帶增加自然主題的資訊；農場的錄影帶為幼兒戶外教學做準備）。

註解

* 假如沒有使用電視、錄放影機、電腦，就評為「不適用」。在你觀察訪視的那天可能會沒有看到這些器材被使用，但是你一定要確認有無好幾個班級一同共用的電視及電腦。

問題

有和幼兒一起使用電視、錄放影機或電腦嗎？多久使用一次？

（1.1，3.1，5.1，7.1）你如何選擇電視、錄放影機（帶）或電腦教材來讓小孩使用？

（1.2）當幼兒在使用電視或錄影帶時有其他活動可以進行嗎？

（3.3）電視、錄影帶或電腦被小孩使用的頻率是多少？被使用的時間長度是多少？

（5.3）有無任何鼓勵小孩主動的教材？請給一些例子。

（7.2）你在教室內使用電視、錄放影機或電腦與教學主題有關嗎？請說明。

28. 鼓勵接納差異

不適當		最低要求		良好		優良
1	2	3	4	5	6	7

1.1 在教材教具上沒有明顯可見的種族及文化上的多樣性*（如，所有的玩具和圖片都是同一種族的；所有印製的教材都屬同一種文化；所有印製的及聽力的教材都是同一種語言）。

1.2 教材教具只呈現刻板印象中的種族、文化、語言、能力和性別。

1.3 教師表現出反對他人的偏見（如，反對其他從不同種族或文化團體來的幼兒或成人；反對沒有能力的人）。

3.1 在教材教具上有一些明顯可見的種族及文化上的多樣性（如，多元種族或多元文化的娃娃、書籍，或者來自許多文化的音樂帶及公佈欄上的圖片；在雙語的區域中有一些教材教具有幼兒的母語在內）。

3.2 教材教具以正面的方式呈現多樣性（如，不同的種族、文化、年齡、能力或性別）。

3.3 教師適當的介入來反制由幼兒或其他成人所表現的偏見（如，討論同與不同；建立規則來公平的對待他人），或者沒有表現出偏見。

5.1 許多幼兒可取得的書籍、圖片及教材教具有不同的種族、文化、年齡、能力、和性別的人，以非刻板印象的方式呈現（如，同時有現在和過去的影像；男性和女性都呈現出正在做許多不同的事情，包括傳統和非傳統的角色）。

5.2 在戲劇遊戲中有一些道具被用來代表不同文化（如，不同種族的娃娃；民族服飾；多種文化族群的烹飪用具及食器）。

7.1 多樣性的包容是每天流程中的一部分並有遊戲活動（如，民族風味食物是一般餐點中的一部分；在音樂時間包括不同文化的錄音帶及歌曲）。

7.2 活動中包含對多樣性的了解和接受（如，鼓勵家長和幼兒分享家中的風俗習慣；許多文化表現在節日的慶祝中）。

註解

* 當評量多樣性的教材教具，要考慮所有被幼兒使用的區域和教材教具，包括圖片和照片的展示、書籍、拼圖、遊戲、娃娃、在積木角的玩偶、布偶、音樂帶、錄影帶及電腦軟體。

問題

（3.1）請給一些你和幼兒一起使用的音樂型態的例子？

（3.3）如果有一位成人或幼兒表現出偏見，你會怎麼辦？

（7.2）有無任何活動幫助幼兒了解這世界上和這國家中有多元的人種？請給一些例子。

互動

29. 大肌肉活動的導護

不適當		最低要求		良好		優良
1	2	3	4	5	6	7

1.1 對幼兒的健康和安全提供不適當的導護（如，有一小段時間沒有注意到幼兒離開；沒有足夠的成人來看護某一區域的幼兒；教師沒有將注意力放在幼兒的身上）。

1.2 大部分的師生互動是負面的（如，教師似乎在生氣；處罰或過度掌控的氣氛）。

3.1 對幼兒的健康和安全有適當的導護（如，有足夠的成人來看護某一區域的幼兒；教師在可以看到全區的位置；教師會適時的移動；當發生問題時會介入）。

3.2 有一些正向的師生互動（如，安慰沮喪或受傷的幼兒；對新的技能表示感動；愉快的語調）。

5.1 教師在危險發生之前就有避免其發生的動作（如，在幼兒玩之前，將壞掉或危險的玩具先拿開；在幼兒受傷前阻止粗魯的遊戲）。

5.2 大部分的師生互動是愉快且有幫助的。

5.3 教師幫助幼兒發展在使用器材時所需的技能（如，幫幼兒學習盪鞦韆；幫殘障幼兒使用適當的三輪車踏墊）。

7.1 教師與幼兒談和他們遊戲有關的想法（如，為年幼的幼兒帶入遠近、快慢的概念；請幼兒談談他們建構的計畫或戲劇遊戲）。

7.2 教師提供資源來加強遊戲（如，為三輪車設路障）。

7.3 教師幫助幼兒發展正向的社會互動（如，幫助幼兒輪流使用受歡迎的器材；提供鼓勵合作的器材，如雙人的搖船、無線電對講機）。

問題

請描述教師如何在大肌肉活動和室外遊戲時導護幼兒？

（5.3）當幼兒在使用器材時有困難，你會怎麼辦？

30. 一般對幼兒的導護（不僅是大肌肉活動的導護）

不適當		最低要求		良好		優良
1	2	3	4	5	6	7

1.1 不適當的導護（如，教師沒有導護就將幼兒留下；幼兒們的安全不被保護，教師大多將注意力放在其他的工作上）。

1.2 大部分的導護是懲罰和過度的控制（如，吼叫；小看幼兒；不斷地說不要）。

3.1 足夠的導護來保護幼兒們的安全。

3.2 注意清潔且避免不當的使用教材教具（如，整理雜亂的科學桌；阻止幼兒擠光整瓶膠水）。

3.3 大部分的導護不是懲罰，而且控制是在合理方法下運作。

5.1 依不同年齡和能力的幼兒調整謹慎導護的適當性（如，較年幼和較易衝動的幼兒在導護上需更嚴密）。

5.2 必要時，教師給幼兒協助和鼓勵（如，當幼兒想要加入遊戲時教師會協助他；幫幼兒完成拼圖）。

5.3 即使教師只和一位或一組幼兒工作，教師仍顯現出對全班的警覺性（如，當只和一個幼兒工作時，教師常掃視教室，確定其視力不能及的區域有其他的教師在導護）。

5.4 教師應對小孩努力完成的作品表示感動。

7.1 教師告訴幼兒們和他們遊戲有關的想法，問幼兒們問題並加入資訊來擴大幼兒們的想法。

7.2 教師要維持幼兒需要獨立探索和教師灌輸的學習此兩者間的平衡（如，幼兒在被要求去談論他的繪畫時，他必須已被允許先完成他的畫作；在積木建築倒下前，讓幼兒發現建構上的不平衡）。

31. 紀律

不適當		最低要求		良好		優良
1	2	3	4	5	6	7

不適當 1

1.1 以嚴厲的方式掌控幼兒（如，打；大聲喝止；長時間的禁閉或扣留食物）。

1.2 紀律太過鬆散以至於沒什麼秩序或控制。

1.3 對幼兒行為上的期望大多是不適合其年齡和發展程度的（如，每個人都必須安靜的用餐；幼兒必須長時間的保持安靜）。

最低要求 3

3.1 教師不用體罰或嚴厲的管教方法。

3.2 教師通常保持良好的紀律以避免幼兒的互相傷害。

3.3 對幼兒行為上的期望大多是適合其年齡和發展程度的。

良好 5

5.1 教師有效地使用非懲罰性的管教方法（如，多給予幼兒正面行為的注意；將幼兒重新導向可被接受的活動）。

5.2 課程是設計來避免爭執和促進適齡的互動（如，可取得多樣的玩具；提供一個受保護的且有幼兒喜愛的玩具的遊戲環境）。

5.3 教師對幼兒的行為有一致的反應*（如，不同的教師應用相同的規則和相同的方法；所有的幼兒都遵守基本的規則）。

優良 7

7.1 教師積極的參與幫助幼兒解決他們的衝突和問題（如，協助幼兒說出他們的問題並思考解決的方法；讓幼兒能對同儕的感受更敏銳）。

7.2 教師能藉由活動讓幼兒理解社交的技巧（如，與幼兒一起用故事書和團體討論來解決一些普遍性的爭執）。

7.3 教師對問題行為尋求專業的建議。

註解

* 在處理不同的狀況和幼兒時，教師們有普遍的一致性。這不表示其中無彈性的空間。正面的社交互動是團體中的基本規則，如不能打或傷害他人、尊重同儕和教材教具，這些都一定要遵守。或許需要一個特別的課程去幫助一些特別的幼兒遵守教室的基本規則。

問題

（1.1）你曾經覺得使用嚴格的紀律是必要的嗎？請敘述你曾使用過哪些方法。

（7.2）你會和幼兒一起運用活動來鼓勵他們彼此和平相處嗎？

（7.3）如果你班上有一位幼兒有嚴重的行為問題，你會如何處理？

32. 教師—幼兒的互動*

不適當		最低要求		良好		優良
1	2	3	4	5	6	7

1.1 教師不參與幼兒也不做回應（如，忽視幼兒，教師似乎難以親近或冷淡）。

1.2 不愉快的互動（如，常聲嘶力竭或易發怒）。

1.3 身體接觸主要是用來掌控幼兒（如，催促幼兒從事某些活動），或不適當的身體接觸（如，幼兒不願意時加以擁抱或呵癢）。

3.1 教師常以溫暖、支持的態度回應幼兒（如，教師和幼兒似乎很輕鬆、聲音愉悅，且經常微笑）。

3.2 很少（若有的話）不愉快的互動。

5.1 透過適當的身體接觸表示愛心（如，輕拍幼兒的背、回應幼兒的擁抱）。

5.2 教師顯示他對幼兒的尊重（如，專注的傾聽；有目光的接觸；公平的對待；沒有差別待遇）。

5.3 對於沮喪、受傷害或生氣中的幼兒，教師富同理心的加以回應。

7.1 教師看起來樂於跟幼兒相處。

7.2 教師鼓勵成人與幼兒間發展成熟的彼此尊重（如，教師須等幼兒問完問題才開始回答；鼓勵幼兒在成人說話時要有禮貌地注意聽）。

註解

* 雖然在此題中的各種指標可適用於不同文化與個人，但是它們被表達出來的方式可能不盡相同。譬如說，直接的目光接觸在某些文化是表示尊重，但在其他文化中，卻可能是不尊敬的象徵。同樣地，某些人比其他人有笑容並流露感情。然而，儘管在表現方式上可能有些差別，他們仍需符合這些指標的要求。

33. 幼兒之間的互動

不適當		最低要求		良好		優良
1	2	3	4	5	6	7

1.1 不鼓勵幼兒間（同儕間）的互動（如，不鼓勵幼兒講話；幼兒很少有機會選擇自己的玩伴）。

1.2 教師很少或沒有輔導幼兒間正面的同儕互動。

1.3 很少或沒有正面同儕互動（如，嘲弄、爭吵、打架是常見的）。

3.1 鼓勵幼兒（同儕）間的互動（如，允許幼兒自由行動，自然團體和互動就自然發生）。

3.2 教師阻止同儕間的負面和傷害性的互動（如，阻止互相叫罵及爭吵）。

3.3 有一些正面的同儕互動發生。

5.1 教師建立好的社交技巧模範（如，彼此間的傾聽、合作）。

5.2 教師協助幼兒與同儕發展出適當的社交行為（如，幫助幼兒在衝突時以溝通來替代吵架；鼓勵社交較孤僻的幼兒結交朋友；協助幼兒站在別人立場來體會了解對方的感受）。

7.1 同儕間的互動通常是正面的（如，年齡較大的幼兒通常會分享和合作；一般而言，幼兒都會玩在一起而不會吵架）。

7.2 教師會為幼兒提供一些機會讓他們能一起完成某項工作（如，一群幼兒共同畫滿一張大紙；煮一鍋什錦湯；合作將椅子搬到桌子下）。

問題

（7.2）你有運用一些活動來鼓勵幼兒一起工作嗎？請舉一些例子。

作息結構

34. 時間規劃

不適當		最低要求		良好		優良
1	2	3	4	5	6	7

1.1 作息時間的安排太僵化，沒有時間顧及個人的興趣，或太鬆散（混亂），缺少建立每日作息時間的次序感*。

3.1 幼兒熟悉每天基本的時間規劃（如，多數的日子裡每天的作息和活動進行的順序是相同的）。

3.2 在教室裡貼著書面的作息時間表，且通常進行的活動與時間表是一致的[†]。

3.3 每天至少有一個室外和室內的遊戲時段（只要天氣允許）。

3.4 每天都有動態活動和靜態活動。

5.1 時間規劃的結構要平衡也要有彈性（如果天氣好的話，安排戶外活動時間要加長）。

5.2 遊戲的活動要有很多的變化，有一些是教師引導的活動和一些是幼兒自發的活動。

5.3 一天中大部分的時間用來遊戲。

5.4 每天活動間的轉換不會讓幼兒等太長的時間。

7.1 每天活動間的轉換流暢（在目前的活動結束前，已將下一個活動的教材教具準備好了；在多數的轉換時間裡，一次只處理幾位幼兒而非一整班的幼兒）。

7.2 在時間表中有做些調整以符合幼兒個別需求（如，為了配合注意力較短的幼兒而縮短講故事的時間；允許他繼續完成工作，即使已超過時間；吃東西較慢的幼兒可以自己的速度來吃完）。

註解

* 每天的事件是指室內和室外的遊戲活動，還有一般例行性的事情，如，正餐／點心，午睡／休息，和到園／離開。

[†] 書面的作息時間表是不需要每分鐘都照著時間進行的。這個指標的目的是在於遵循一般活動進行的次序。

35. 自由遊戲*

不適當		最低要求		良好		優良
1	2	3	4	5	6	7

1.1 一天中太少自由遊戲的機會，或者太多沒有導護的自由遊戲時間。

1.2 在自由遊戲時間提供不適當的玩具、遊戲和器材讓幼兒使用。

3.1 依天氣而定，每天都有一些室內和室外的自由遊戲。

3.2 提供導護來保護幼兒的健康和安全。

3.3 在自由遊戲時間提供一些玩具、遊戲和器材讓幼兒使用。

5.1 一天中大部分的時間有室內和室外的自由遊戲（如，每天有幾段自由遊戲的時間）。

5.2 提供導護來促進幼兒的遊戲（如，教師幫助幼兒取得他們所需要的教材教具；幫助幼兒使用比較難處理的教材教具）。

5.3 為自由遊戲提供充足和多樣的玩具、遊戲和器材。

7.1 將導護作為教育上的互動（如，教師透過衝突的解決幫助幼兒思考；鼓勵幼兒談他們的活動；介紹和遊戲相關的概念）。

7.2 定期的對自由遊戲加入新的教材教具／經驗（如，替換教材教具；將幼兒的興趣加入活動中）。

註解

* 允許幼兒去選擇教材教具和同伴，盡可能的獨立活動。成人的互動是為了回應幼兒的需要。若幼兒是被分配到指定的角落或由教師選擇教材教具，都不被視為自由遊戲。

問題

請你描述任何幼兒可能會有的自由遊戲的機會？在何時及何處發生？幼兒能玩什麼？

36. 團體時間

不適當		最低要求		良好		優良
1	2	3	4	5	6	7

1.1 大部分的時間幼兒都是以團體的方式在一起（如，做相同美勞作品；唸故事給他們聽；聽錄音帶；在同一個時間上廁所）。

1.2 幾乎很少有機會給教師與個別或一小組的幼兒互動*。

3.1 有進行一些個別的或小組的遊戲。

3.2 幼兒有一些機會選擇他要的小組。

5.1 有一小段團體活動時間†，且其適合幼兒的年齡和個別差異性。

5.2 有許多小組或個別的遊戲活動。

5.3 有一些例行性的活動是以小組或個別的方式進行的。

7.1 一天中可以不同的分組方式來變化課程的步調。

7.2 教師以教育性的互動參與在個別、小組及團體中的幼兒活動（如，讀故事；協助烹飪組或科學組活動）。

7.3 給幼兒許多機會去選擇成為某一小組的一員。

註解

* 小組的定義可能會因幼兒的年齡和個別需要而不同。一般二、三歲的幼兒，一個合適的小組可有三至五人，然而對四、五歲的幼兒來說，五至八位幼兒還是可以的。

† 大團體的集合可能對三歲半以下的幼兒或有特別需求的幼兒不適合。如果有這樣的狀況，即使沒有大團體活動，5 的指標仍需給分。決定大團體活動是否適合則在於幼兒是否有興趣參與。

37. 對特殊幼兒需要的供應*（允許不適用）

不適當		最低要求		良好		優良
1	2	3	4	5	6	7

1
1.1 教師未曾試著了解幼兒的需求和發掘可用的評估方法。
1.2 未曾嘗試滿足特殊幼兒的特殊需求（如，在與教師互動上；硬體設備方面；活動項目方面，以及時間的安排方面均未做適當的調整）。
1.3 在教師了解幼兒的需要和目標的設定上缺乏家長的參與及協助。
1.4 特殊幼兒與其他幼兒只有極少的互動（如，幼兒不同桌用餐；不共同參與活動）。

3
3.1 教師從現有的評量中獲得一些資訊。
3.2 原符合特殊幼兒的需要做了些微的修改†。
3.3 班上教師在設定目標的過程中，家長有一些參與（如，家長和老師能出席 IEP 或 IFSP 的會議）。
3.4 特殊幼兒能參與一些其他幼兒正在進行的活動。

5
5.1 教師遵循專家（如，醫生或教育學家）所建議的活動及互動來幫助幼兒們達成預設的目標。
5.2 改善硬體設備、課程，和作息時間，使得特殊幼兒可以和其他幼兒共同參與更多的活動。
5.3 家長能經常和教師一起分享訊息、設定目標，和對課程如何進行給予回饋。

7
7.1 大部分的專業療育可被應用在課堂的活動中。
7.2 特殊幼兒能融入大團體中，並能參加大部分的活動。
7.3 教師對個別評估和療育計畫有所貢獻。

註解

* 這一題僅用於課程中有明顯特殊幼兒的班級，否則這一題則評為「不適用」。

† 所謂「些微的修改」或許是包含了環境中有限的變化（如，坡道）而讓幼兒能進入，或和幼兒一起活動之治療師的定期訪視。

問題

請敘述你如何滿足你班上特殊幼兒的需要？
（1.1，3.1）你有從幼兒們的評估中得到任何資訊嗎？這些資訊如何被使用？
（1.2，3.2，5.2）你需要做什麼比較特別的事來滿足幼兒的需求？請敘述你做了什麼。

（1.3，3.3，5.3）你會和幼兒的家長一起幫助決定如何滿足幼兒的需求嗎？請敘述。
（5.1，7.1）如何進行療育服務，如治療的處理？
（7.3）你有參與幼兒的評估或療育計畫的發展嗎？你扮演何種角色呢？

家長與教師

38. 提供給家長

不適當		最低要求		良好		優良
1	2	3	4	5	6	7

1.1 沒有給家長任何有關課程訊息方面的書面資料。

1.2 不鼓勵家長觀察或參與幼兒的課程。

3.1 在書面資料中給家長有關課程的行政訊息（如，飲食；服務時間；入園的健康規則）。

3.2 家長和教師分享一些和幼兒有關的訊息（如，非正式的溝通；家長要求的親師會議；一些親職的教材）。

3.3 有一些機會讓家長和家庭成員參與幼兒的課程。

3.4 家庭成員和教師間的互動通常是尊重且正面的。

5.1 敦促家長在幼兒入園前多做觀察。

5.2 家長能感受到教師的理念及實務作法（如，家長手冊、班規、活動的描述）。

5.3 家長和教師間分享許多和幼兒有關的訊息（如，常有非正式的溝通；針對所有幼兒的定期會議；家長會；園訊；親職資訊）。

5.4 以多元的方式鼓勵家庭參與幼兒課程（如，慶生會；與幼兒共進午餐；每家各帶一道菜的餐會）。

7.1 要求家長每年對課程做評量（如，家長的問卷；團體評量會議）。

7.2 當需要的時候，可轉介家長至其他專業機構（如，對特別親職的協助；有關幼兒的健康考量）。

7.3 家長和教師一起參與課程的決策（如，在董事會中有家長代表）。

問題

（1.1，3.1）有任何書面的資料提供給家長嗎？內容包括什麼？

（1.2，3.3，5.4）有任何的方式可讓家長參與在幼兒的教室中嗎？請舉些例子。

（3.2，5.3）你曾和家長分享有關幼兒的訊息嗎？如何進行？

（3.4）通常你和家長之間的關係像什麼？

（5.1）在幼兒入園前家長有機會參觀教室嗎？如何進行？

（7.1）家長有參與部分的課程評量嗎？如何進行？有多頻繁？

（7.2）當家長看起來似乎有難題，你會做什麼？你是否會轉介他們給其他的專家尋求幫助？

（7.3）家長有參與部分的課程決策嗎？如何進行？

39. 對教師個人需要的供應

不適當		最低要求		良好		優良
1	2	3	4	5	6	7

1.1 沒有特別的空間給教師（如，沒有獨立的廁所、交誼廳、儲藏間）。

1.2 沒有提供讓教師離開幼兒處理個人需求的時間（如，沒有休息時間）。

3.1 有獨立的成人廁所。

3.2 在幼兒的遊戲區外有一些成人的設施。

3.3 一些個人物品的儲藏櫃。

3.4 每天至少給教師一次的休息時間。

3.5 需要的時候，做些設備上的修改來符合殘障員工的需要。

允許不適用

5.1 在交誼廳提供成人尺寸的家具；交誼廳可以有雙重的用途（如，辦公室、會議室）。

5.2 需要的時候，提供個人存放物品的安全櫃。

5.3 一天中提供上午、下午，和中餐的休息時間*。

5.4 提供教師餐點的設備（如，冰箱、烹調設備）。

7.1 獨立的成人交誼廳（無雙重用途）。

7.2 在交誼廳中有成人的家具。

7.3 教師可彈性決定個人的休息時間。

註解

* 這些需求是基於一天工作八小時，但對於較短的工作時間則需做些調整。

問題

（1.2，3.4，5.3）當你可以離開幼兒時，你有休息的時間嗎？何時有休息時間？

（3.3）你在什麼地方存放你的私人物品，如外套或皮包？功能如何？

40. 對教師專業需要的供應

不適當		最低要求		良好		優良
1	2	3	4	5	6	7

1.1 不能接電話。

1.2 沒有檔案或儲存空間給教師存放教材（如，沒有空間存放教師準備活動所需的材料）。

1.3 幼兒在園的時間，沒有個別會談的空間。

3.1 方便接聽電話。

3.2 有一些檔案或儲藏空間。

3.3 幼兒在園的時間，有個別會談的空間。

5.1 有豐富的檔案和儲藏空間。

5.2 獨立的辦公室作為園所行政之用*。

5.3 有令人滿意的個人和團體的會議室（如，在時間安排上，不會有困難作為雙重或者共同使用的空間；有可靠的私密性；有大人使用的家具）。

7.1 辦公室有完善的設備提供給園所行政使用（如，使用電腦、電話答錄機）。

7.2 園所中有空間作為個別或者團體會議使用，這個空間位置適當、內部舒適，並且與幼兒使用的活動空間分開。

註解

* 在幼兒園的園長辦公室或者公立學校的辦公室可視為獨立的辦公空間。這個辦公室必須在園所裡才能給分。

問題

（1.1，3.1）你方便接聽電話嗎？在哪裡？

（1.2，3.2，5.1）你有任何的檔案室和儲藏室嗎？請敘述。

（1.3，3.3，5.3，7.2）當幼兒還在園中，你有任何的空間可以作為親師會議或者團體會議的地點嗎？請敘述。

（5.2，7.1）園所有辦公室嗎？請敘述。

41. 教師的互動與合作*（允許不適用）

不適當		最低要求		良好		優良
1	2	3	4	5	6	7

1.1 在教師之間沒有溝通和幼兒需求有關的訊息（如，關於幼兒要提早離園的訊息沒有被傳達）。

1.2 教師間的互動關係影響日常照顧的責任（如，兩人聊天不顧幼兒或彼此態度無理、生對方的氣）。

1.3 沒有公平分配教師們的職責（如，一位教師掌握大部分的責任，而另一位相對地沒有參與）。

3.1 針對幼兒的基本需求做基本的溝通（如，所有的教師都知道幼兒過敏）。

3.2 教師之間的互動，沒有影響教師的責任。

3.3 教師責任被公平的分配。

5.1 教師之間每天溝通有關幼兒的資訊（如，對於特殊幼兒的例行性事務和遊戲活動如何進行的資訊）。

5.2 教師的互動是正向的，且加入了溫暖的情感和支持。

5.3 責任分享所以日常照顧和遊戲活動都能順利的掌握。

7.1 至少隔週一次，教師在同一班或同一房間，有一起計畫的時間。

7.2 每一位教師的責任很清楚地被界定（如，一位開始準備教材教具，另一位招呼幼兒；一位幫助幼兒準備休息，而另一位督導幼兒刷牙）。

7.3 計畫性的提升教師之間的正向交誼（如，經由規劃社交節目；鼓勵集體出席專業會議）。

註解

* 當觀察到兩個或更多的教師在一起工作，即使他們在同一班，但在不同的時間，這一題就要評分。如果那裡只有一個教師在一班，這一題就評為「不適用」。

問題

（1.1，3.1，5.1）你有沒有機會跟你同一班的教師來分享幼兒們的事情？什麼時間和頻率？你們會談什麼樣的事情？

（7.1）你有沒有跟你合班的教師有任何計畫的時間？多久一次？

（7.2）你和你的合班老師如何決定什麼是你們個別要做的工作？

（7.3）有沒有任何設計好的節目，讓你和其他教師一起參加？能否給我一些例子？

42. 教師的督導與評量*（允許不適用）

不適當		最低要求		良好		優良
1	2	3	4	5	6	7

1
1.1 對教師無督導†。
1.2 對教師表現沒有評量或回饋。

3
3.1 對教師做一些督導（如，非正式的直接觀察；如有抱怨事件才觀察）。
3.2 對教師的表現給予一些回饋。

5
5.1 每年做督導觀察。
5.2 每年和教師分享書面的表現評量。
5.3 在評量中，確認教師的長處和需要改進的地方。
5.4 用行動來實行評量中的建議（如，由訓練改進表現；如果需要的話可買新的教材教具）。

允許不適用

7
7.1 教師參與自我評量。
7.2 除了平時的觀察，還要經常對教師做額外的觀察和回饋。
7.3 經由督導，以有幫助及支持性的態度給教師回饋。

註解

* 當這個園所是一人園所，沒有其他的教師，則此題評為「不適用」。

† 從被督導者而非督導者處得到的資料來評量這題，除非班級的教師們對此事不知情，才去詢問督導者。

問題

（1.1，3.1，5.1，5.2）你的工作有包括督導嗎？如何完成呢？

（1.2，3.2，5.2，7.3）你有對你自己的表現做過任何回饋嗎？這些是如何處理呢？多久一次呢？

（5.4）假如需要改進的話，是如何處理的？

（7.1）你是否曾經參加自我評量呢？

43. 專業成長的機會*

不適當		最低要求		良好		優良
1	2	3	4	5	6	7

1.1 沒有提供職前訓練或在職訓練給教師。

1.2 沒有召開園務會議。

3.1 對新的教師有職前訓練,包括緊急、安全,和健康事件的處理流程。

3.2 提供一些在職訓練。

3.3 召開一些教師會議來處理行政上的事務。

5.1 對新進教師施予職前訓練,包括與家長和幼兒的互動、教養方法、感謝活動。

5.2 園方定期提供在職訓練(如,教師參與研習會;邀請專家來園或在園中播放訓練錄影帶)。

5.3 每月召開教師會議,包括教師成長活動。

5.4 在園中有一些專業的資源教材(如,書籍、雜誌,或其他有關幼兒發展、文化敏銳度、和班級活動的教材教具——也可以從圖書館借出來)。

7.1 支持教師參與非由園所提供的課程、會議或研習會(如,休閒時間、旅行花費、會議費用)。

7.2 良好的專業圖書館需包括目前多元的幼兒教育主題的教材教具。

7.3 教師在幼兒教育中低於 AA(幼師專)的學歷需要繼續進修正式的教育(如,為 GED、CDA、AA 工作)。

允許不適用

註解

* 從教室裡的教師那裡得到訊息來評定此題,除非教師說他不知道,才去問督導人員。

問題

(1.1,3.1,3.2,5.1,5.2)有提供任何的訓練給教師嗎?請描述這個訓練?對新進教師有什麼訓練嗎?

(1.2,3.3,5.3)你們有教師會議嗎?多久一次?在會議裡都處理什麼事情?

(5.4,7.2)園中有任何資源可用來得到新的理念嗎?包括些什麼?

(7.1)有提供任何的支持讓你參加會議或課程嗎?請描述有些什麼。

(7.3)會請學歷低於幼師專的教師繼續進修取得較高的學歷嗎?請描述這些要求。

評分表範例及側面圖

評分表範例：第一次觀察 9/18/97　　　　　　　評分表範例：第二次觀察 4/29/98

語言－推理 9/18/97

15.書籍與圖畫	1 2 ③ 4 5 6 7	備註
是否　　　　是否　　　　是否　　　　是否		每天每一班只有短暫
1.1 □☑　3.1 ☑□　5.1 □☑　7.1 □□		的時間可以取用少數
1.2 □☑　3.2 ☑□　5.2 □☑　7.2 □□		的書籍
5.3 □☑		
5.4 ☑□		
5.5 □☑		

16.鼓勵幼兒溝通	1 2 3 ④ 5 6 7	備註
是否　　　　是否　　　　是否　　　　是否		可取用溝通類的教材
1.1 □☑　3.1 ☑□　5.1 □☑　7.1 □□		教師很少參與
1.2 □☑　3.2 ☑□　5.2 ☑□　7.2 □□		
3.3 ☑□		

17.使用語言發展推理技巧	1 ② 3 4 5 6 7	備註
是否　　　　是否　　　　是否　　　　是否		沒有觀察到教師使用
1.1 □☑　3.1 ☑□　5.1 □□　7.1 □□		邏輯推理的例子
1.2 □☑　3.2 □☑　5.2 □□　7.2 □□		

18.非正式語言的使用	1 2 ③ 4 5 6 7	備註
是否　　　　是否　　　　是否　　　　是否		幼兒間經常有對話
1.1 □☑　3.1 ☑□　5.1 □☑　7.1 □□		教師與幼兒間很少對
1.2 □☑　3.2 ☑□　5.2 □☑　7.2 □□		話
1.3 □☑　　　　　　5.3 □☑		
5.4 □☑		

A.子量表（15-18題）總分：**1 2**

B.有評分的題目數量：**0 4**

語言－推理的平均分數（A÷B）**3.0 0**

語言－推理 4/29/98

15.書籍與圖畫	1 2 3 ④ 5 6 7	備註
是否　　　　是否　　　　是否　　　　是否		很少書
1.1 □☑　3.1 ☑□　5.1 □☑　7.1 □□		無多元文化
1.2 □☑　3.2 ☑□　5.2 □☑　7.2 □□		很好的語文角教材
5.3 ☑□		使用布書
5.4 ☑□		
5.5 □☑		

16.鼓勵幼兒溝通	1 2 3 4 5 ⑥ 7	備註
是否　　　　是否　　　　是否　　　　是否		口述語言和文字書寫
1.1 □☑　3.1 ☑□　5.1 ☑□　7.1 ☑□		無關聯
1.2 □☑　3.2 ☑□　5.2 ☑□　7.2 □☑		
3.3 ☑□		

17.使用語言發展推理技巧	1 2 3 ④ 5 6 7	備註
是否　　　　是否　　　　是否　　　　是否		只在自由活動時間玩
1.1 □☑　3.1 ☑□　5.1 ☑□　7.1 □□		推理遊戲
1.2 □☑　3.2 ☑□　5.2 □☑　7.2 □□		

18.非正式語言的使用	1 2 3 4 ⑤ 6 7	備註
是否　　　　是否　　　　是否　　　　是否		教師只和少數幼兒對
1.1 □☑　3.1 ☑□　5.1 ☑□　7.1 □☑		話
1.2 □☑　3.2 ☑□　5.2 ☑□　7.2 □☑		沒有用問問題的方式
1.3 □☑　　　　　　5.3 ☑□		取得較長的答案
5.4 ☑□		

A.子量表（15-18題）總分：**1 9**

B.有評分的題目數量：**0 4**

語言－推理的平均分數（A÷B）**4.7 5**

側面圖範例

III.語言－推理（15-18）

觀察 1	觀察 2
3	**4.75**

次量表平均分數

15.書籍與圖畫
16.鼓勵幼兒溝通
17.使用語言發展推理技巧
18.非正式語言的使用

評分表

幼兒學習環境評量表－修訂版

Thelma Harms, Richard M. Clifford, and Debby Cryer

觀察者：＿＿＿＿＿＿＿＿＿＿＿＿＿＿＿＿　觀察者編號：＿＿ ＿＿ ＿＿

園／所：＿＿＿＿＿＿＿＿＿＿＿＿＿＿＿＿　園／所編號：＿＿ ＿＿ ＿＿

教　室：＿＿＿＿＿＿＿＿＿＿＿＿＿＿＿＿　教室編號：＿＿ ＿＿

教師（們）：＿＿＿＿＿＿＿＿＿＿＿＿＿＿　教師編號：＿＿ ＿＿

教師人數：＿＿ ＿＿

班級幼兒人數：＿＿ ＿＿

幼兒實到人數：＿＿ ＿＿

觀察日期：＿＿ ＿＿ ／ ＿＿ ＿＿ ／ ＿＿ ＿＿ （月／日／年）

特殊幼兒人數：＿＿ ＿＿

勾選特殊的型態：□肢體／感官　□認知／語言

　　　　　　　　□社會／情緒　□其他：＿＿＿＿＿＿

幼兒的生日：年齡最小的 ＿＿ ＿＿ ／ ＿＿ ＿＿ ／ ＿＿ ＿＿ （月／日／年）

　　　　　　年齡最大的 ＿＿ ＿＿ ／ ＿＿ ＿＿ ／ ＿＿ ＿＿ （月／日／年）

觀察開始時間：＿＿ ＿＿ ： ＿＿ ＿＿　□AM　□PM

觀察結束時間：＿＿ ＿＿ ： ＿＿ ＿＿　□AM　□PM

空間和設施

1.室內空間　|　1 2 3 4 5 6 7　備註

是 否	是 否 NA	是 否	是 否
1.1 ☐☐	3.1 ☐☐	5.1 ☐☐	7.1 ☐☐
1.2 ☐☐	3.2 ☐☐	5.2 ☐☐	7.2 ☐☐
1.3 ☐☐	3.3 ☐☐	5.3 ☐☐	
1.4 ☐☐	3.4 ☐☐		
	3.5 ☐☐☐		

2.日常照顧／遊戲和學習用的設施　|　1 2 3 4 5 6 7　備註

是 否	是 否 NA	是 否 NA	是 否
1.1 ☐☐	3.1 ☐☐	5.1 ☐☐	7.1 ☐☐
1.2 ☐☐	3.2 ☐☐	5.2 ☐☐	7.2 ☐☐
	3.3 ☐☐☐	5.3 ☐☐☐	

3.休息和安撫的設施　|　1 2 3 4 5 6 7　備註

是 否	是 否	是 否	是 否
1.1 ☐☐	3.1 ☐☐	5.1 ☐☐	7.1 ☐☐
1.2 ☐☐	3.2 ☐☐	5.2 ☐☐	7.2 ☐☐
		5.3 ☐☐	

4.角落規劃　|　1 2 3 4 5 6 7　備註

是 否	是 否 NA	是 否	是 否
1.1 ☐☐	3.1 ☐☐	5.1 ☐☐	7.1 ☐☐
1.2 ☐☐	3.2 ☐☐	5.2 ☐☐	7.2 ☐☐
	3.3 ☐☐	5.3 ☐☐	7.3 ☐☐
	3.4 ☐☐☐		

5.隱密空間　|　1 2 3 4 5 6 7　備註

是 否	是 否	是 否	是 否
1.1 ☐☐	3.1 ☐☐	5.1 ☐☐	7.1 ☐☐
	3.2 ☐☐	5.2 ☐☐	7.2 ☐☐

6.幼兒相關的展示　|　1 2 3 4 5 6 7　備註

是 否	是 否	是 否	是 否
1.1 ☐☐	3.1 ☐☐	5.1 ☐☐	7.1 ☐☐
1.2 ☐☐	3.2 ☐☐	5.2 ☐☐	7.2 ☐☐
		5.3 ☐☐	

7.大肌肉遊戲的空間　|　1 2 3 4 5 6 7　備註

是 否	是 否	是 否	是 否
1.1 ☐☐	3.1 ☐☐	5.1 ☐☐	7.1 ☐☐
1.2 ☐☐	3.2 ☐☐	5.2 ☐☐	7.2 ☐☐
		5.3 ☐☐	7.3 ☐☐

8.大肌肉活動的設備　|　1 2 3 4 5 6 7　備註

是 否	是 否	是 否 NA	是 否
1.1 ☐☐	3.1 ☐☐	5.1 ☐☐	7.1 ☐☐
1.2 ☐☐	3.2 ☐☐	5.2 ☐☐	7.2 ☐☐
1.3 ☐☐	3.3 ☐☐	5.3 ☐☐☐	

A.子量表（1-8題）總分：＿＿ ＿＿

B.有評分的題目數量：＿＿ ＿＿

空間和設施的平均分數（A ÷ B）＿＿ . ＿＿ ＿＿

個人日常照顧				

9.接／送　　　　　　　　1 2 3 4 5 6 7　備註

	是 否		是 否		是 否 NA		是 否 NA
1.1 ☐☐		3.1 ☐☐		5.1 ☐☐		7.1 ☐☐	
1.2 ☐☐		3.2 ☐☐		5.2 ☐☐		7.2 ☐☐	
1.3 ☐☐		3.3 ☐☐		5.3 ☐☐☐		7.3 ☐☐☐	

10.正餐／點心　　　　　　1 2 3 4 5 6 7　備註

	是 否 NA		是 否 NA		是 否 NA		是 否
1.1 ☐☐		3.1 ☐☐		5.1 ☐☐		7.1 ☐☐	
1.2 ☐☐		3.2 ☐☐		5.2 ☐☐		7.2 ☐☐	
1.3 ☐☐		3.3 ☐☐		5.3 ☐☐		7.3 ☐☐	
1.4 ☐☐		3.4 ☐☐		5.4 ☐☐☐			
1.5 ☐☐☐		3.5 ☐☐☐					
		3.6 ☐☐☐					

11.午睡／休息　　　　　1 2 3 4 5 6 7 NA　備註

	是 否		是 否		是 否		是 否
1.1 ☐☐		3.1 ☐☐		5.1 ☐☐		7.1 ☐☐	
1.2 ☐☐		3.2 ☐☐		5.2 ☐☐		7.2 ☐☐	
1.3 ☐☐		3.3 ☐☐		5.3 ☐☐			
		3.4 ☐☐					

12.如廁／換尿布　　　　　1 2 3 4 5 6 7　備註

	是 否		是 否		是 否		是 否
1.1 ☐☐		3.1 ☐☐		5.1 ☐☐		7.1 ☐☐	
1.2 ☐☐		3.2 ☐☐		5.2 ☐☐		7.2 ☐☐	
1.3 ☐☐		3.3 ☐☐		5.3 ☐☐			
1.4 ☐☐		3.4 ☐☐					
		3.5 ☐☐					

13.健康實務　　　　　　　1 2 3 4 5 6 7　備註

	是 否		是 否		是 否		是 否 NA
1.1 ☐☐		3.1 ☐☐		5.1 ☐☐		7.1 ☐☐	
1.2 ☐☐		3.2 ☐☐		5.2 ☐☐		7.2 ☐☐☐	
		3.3 ☐☐		5.3 ☐☐			
		3.4 ☐☐					

14.安全實務　　　　　　　1 2 3 4 5 6 7　備註

	是 否		是 否		是 否		是 否
1.1 ☐☐		3.1 ☐☐		5.1 ☐☐		7.1 ☐☐	
1.2 ☐☐		3.2 ☐☐		5.2 ☐☐		7.2 ☐☐	
1.3 ☐☐		3.3 ☐☐					

A.子量表（9-14題）總分：＿＿ ＿＿

B.有評分的題目數量：＿＿ ＿＿

個人日常照顧的平均分數（A ÷ B）＿＿ ．＿＿ ＿＿

語言－推理

15. 書籍與圖畫　1 2 3 4 5 6 7　備註

是 否	是 否	是 否	是 否
1.1 □□	3.1 □□	5.1 □□	7.1 □□
1.2 □□	3.2 □□	5.2 □□	7.2 □□
		5.3 □□	
		5.4 □□	
		5.5 □□	

16. 鼓勵幼兒溝通　1 2 3 4 5 6 7　備註

是 否	是 否	是 否	是 否
1.1 □□	3.1 □□	5.1 □□	7.1 □□
1.2 □□	3.2 □□	5.2 □□	7.2 □□
	3.3 □□		

17. 使用語言發展推理技巧　1 2 3 4 5 6 7　備註

是 否	是 否	是 否	是 否
1.1 □□	3.1 □□	5.1 □□	7.1 □□
1.2 □□	3.2 □□	5.2 □□	7.2 □□

18. 非正式語言的使用　1 2 3 4 5 6 7　備註

是 否	是 否	是 否	是 否
1.1 □□	3.1 □□	5.1 □□	7.1 □□
1.2 □□	3.2 □□	5.2 □□	7.2 □□
1.3 □□		5.3 □□	
		5.4 □□	

A. 子量表（15-18題）總分：___ ___

B. 有評分的題目數量：___ ___

語言－推理的平均分數（A ÷ B）___ . ___ ___

活動

19. 小肌肉活動　1 2 3 4 5 6 7　備註

是 否	是 否	是 否	是 否
1.1 □□	3.1 □□	5.1 □□	7.1 □□
1.2 □□	3.2 □□	5.2 □□	7.2 □□
		5.3 □□	

20. 藝術　1 2 3 4 5 6 7　備註

是 否	是 否	是 否	是 否 NA
1.1 □□	3.1 □□	5.1 □□	7.1 □□
1.2 □□	3.2 □□	5.2 □□	7.2 □□
			7.3 □□□

21. 音樂／律動　1 2 3 4 5 6 7　備註

是 否	是 否	是 否	是 否
1.1 □□	3.1 □□	5.1 □□	7.1 □□
1.2 □□	3.2 □□	5.2 □□	7.2 □□
	3.3 □□		7.3 □□

22. 積木　1 2 3 4 5 6 7　備註

是 否	是 否	是 否	是 否
1.1 □□	3.1 □□	5.1 □□	7.1 □□
	3.2 □□	5.2 □□	7.2 □□
	3.3 □□	5.3 □□	7.3 □□
		5.4 □□	

23. 沙／水　1 2 3 4 5 6 7　備註

是 否	是 否	是 否	是 否
1.1 □□	3.1 □□	5.1 □□	7.1 □□
1.2 □□	3.2 □□	5.2 □□	7.2 □□
		5.3 □□	

24. 戲劇遊戲　1 2 3 4 5 6 7　備註

是 否	是 否	是 否	是 否
1.1 □□	3.1 □□	5.1 □□	7.1 □□
	3.2 □□	5.2 □□	7.2 □□
	3.3 □□	5.3 □□	7.3 □□
		5.4 □□	7.4 □□

25.自然／科學　　　　　　　　　1 2 3 4 5 6 7　　備註

是 否　　　　是 否　　　　是 否　　　　是 否
1.1 □□　　　3.1 □□　　　5.1 □□　　　7.1 □□
　　　　　　3.2 □□　　　5.2 □□　　　7.2 □□
　　　　　　3.3 □□　　　5.3 □□
　　　　　　　　　　　　5.4 □□

26.數學／數字　　　　　　　　　1 2 3 4 5 6 7　　備註

是 否　　　　是 否　　　　是 否　　　　是 否
1.1 □□　　　3.1 □□　　　5.1 □□　　　7.1 □□
1.2 □□　　　3.2 □□　　　5.2 □□　　　7.2 □□
　　　　　　　　　　　　5.3 □□
　　　　　　　　　　　　5.4 □□

27.電視、錄放影機及／或電腦的使用　1 2 3 4 5 6 7 NA　　備註

是 否　　　　是 否　　　　是 否 NA　　是 否 NA
1.1 □□　　　3.1 □□　　　5.1 □□□　　7.1 □□□
1.2 □□　　　3.2 □□　　　5.2 □□□　　7.2 □□
　　　　　　3.3 □□　　　5.3 □□
　　　　　　　　　　　　5.4 □□

28.鼓勵接納差異　　　　　　　　1 2 3 4 5 6 7　　備註

是 否　　　　是 否　　　　是 否　　　　是 否
1.1 □□　　　3.1 □□　　　5.1 □□　　　7.1 □□
1.2 □□　　　3.2 □□　　　5.2 □□　　　7.2 □□
1.3 □□　　　3.3 □□

A.子量表（19-28題）總分：___ ___

B.有評分的題目數量：___ ___

活動的平均分數（A÷B）___ . ___ ___

互動

29.大肌肉活動的導護　　　　　　1 2 3 4 5 6 7　　備註

是 否　　　　是 否　　　　是 否　　　　是 否
1.1 □□　　　3.1 □□　　　5.1 □□　　　7.1 □□
1.2 □□　　　3.2 □□　　　5.2 □□　　　7.2 □□
　　　　　　　　　　　　5.3 □□　　　7.3 □□

30.一般對幼兒的導護　　　　　　1 2 3 4 5 6 7　　備註

是 否　　　　是 否　　　　是 否　　　　是 否
1.1 □□　　　3.1 □□　　　5.1 □□　　　7.1 □□
1.2 □□　　　3.2 □□　　　5.2 □□　　　7.2 □□
　　　　　　3.3 □□　　　5.3 □□
　　　　　　　　　　　　5.4 □□

31.紀律　　　　　　　　　　　　1 2 3 4 5 6 7　　備註

是 否　　　　是 否　　　　是 否　　　　是 否
1.1 □□　　　3.1 □□　　　5.1 □□　　　7.1 □□
1.2 □□　　　3.2 □□　　　5.2 □□　　　7.2 □□
1.3 □□　　　3.3 □□　　　5.3 □□　　　7.3 □□

32.教師—幼兒的互動　　　　　　1 2 3 4 5 6 7　　備註

是 否　　　　是 否　　　　是 否　　　　是 否
1.1 □□　　　3.1 □□　　　5.1 □□　　　7.1 □□
1.2 □□　　　3.2 □□　　　5.2 □□　　　7.2 □□
1.3 □□　　　　　　　　　5.3 □□

33.幼兒之間的互動　　　　　　　1 2 3 4 5 6 7　　備註

是 否　　　　是 否　　　　是 否　　　　是 否
1.1 □□　　　3.1 □□　　　5.1 □□　　　7.1 □□
1.2 □□　　　3.2 □□　　　5.2 □□　　　7.2 □□
1.3 □□　　　3.3 □□

A.子量表（29-33題）總分：___ ___

B.有評分的題目數量：___ ___

互動的平均分數（A÷B）___ . ___ ___

作息結構

34.時間規劃　　1 2 3 4 5 6 7　備註

是 否	是 否	是 否	是 否
1.1 □□	3.1 □□	5.1 □□	7.1 □□
	3.2 □□	5.2 □□	7.2 □□
	3.3 □□	5.3 □□	
	3.4 □□	5.4 □□	

35.自由遊戲　　1 2 3 4 5 6 7　備註

是 否	是 否	是 否	是 否
1.1 □□	3.1 □□	5.1 □□	7.1 □□
1.2 □□	3.2 □□	5.2 □□	7.2 □□
	3.3 □□	5.3 □□	

36.團體時間　　1 2 3 4 5 6 7　備註

是 否	是 否	是 否	是 否
1.1 □□	3.1 □□	5.1 □□	7.1 □□
1.2 □□	3.2 □□	5.2 □□	7.2 □□
		5.3 □□	7.3 □□

37.對特殊幼兒需要的供應　　1 2 3 4 5 6 7 NA　備註

是 否	是 否	是 否	是 否
1.1 □□	3.1 □□	5.1 □□	7.1 □□
1.2 □□	3.2 □□	5.2 □□	7.2 □□
1.3 □□	3.3 □□	5.3 □□	7.3 □□
1.4 □□	3.4 □□		

A.子量表（34-37題）總分：___ ___

B.有評分的題目數量：___ ___

作息結構的平均分數（A ÷ B）___ . ___ ___

家長與教師

38.提供給家長　　1 2 3 4 5 6 7　備註

是 否	是 否	是 否	是 否
1.1 □□	3.1 □□	5.1 □□	7.1 □□
1.2 □□	3.2 □□	5.2 □□	7.2 □□
	3.3 □□	5.3 □□	7.3 □□
	3.4 □□	5.4 □□	

39.對教師個人需要的供應　　1 2 3 4 5 6 7　備註

是 否	是 否 NA	是 否	是 否
1.1 □□	3.1 □□	5.1 □□	7.1 □□
1.2 □□	3.2 □□	5.2 □□	7.2 □□
	3.3 □□	5.3 □□	7.3 □□
	3.4 □□	5.4 □□	
	3.5 □□		

40.對教師專業需要的供應　　1 2 3 4 5 6 7　備註

是 否	是 否	是 否	是 否
1.1 □□	3.1 □□	5.1 □□	7.1 □□
1.2 □□	3.2 □□	5.2 □□	7.2 □□
1.3 □□	3.3 □□	5.3 □□	

41.教師的互動與合作　　1 2 3 4 5 6 7 NA　備註

是 否	是 否	是 否	是 否
1.1 □□	3.1 □□	5.1 □□	7.1 □□
1.2 □□	3.2 □□	5.2 □□	7.2 □□
1.3 □□	3.3 □□	5.3 □□	7.3 □□

42.教師的督導與評量　　1 2 3 4 5 6 7 NA　備註

是 否	是 否	是 否 NA	是 否
1.1 □□	3.1 □□	5.1 □□	7.1 □□
1.2 □□	3.2 □□	5.2 □□	7.2 □□
		5.3 □□	7.3 □□
		5.4 □□□	

評論和計畫：

43.專業成長的機會				1 2 3 4 5 6 7	備註

是否	是否	是否	是否NA
1.1 ☐☐	3.1 ☐☐	5.1 ☐☐	7.1 ☐☐
1.2 ☐☐	3.2 ☐☐	5.2 ☐☐	7.2 ☐☐
	3.3 ☐☐	5.3 ☐☐	7.3 ☐☐☐
		5.4 ☐☐	

A.子量表（38-43題）總分：___ ___

B.有評分的題目數量：___ ___

家長與教師的平均分數（A ÷ B）___ ． ___ ___

總分和平均

	總分	題數	平均
空間和設施	_____	_____	_____
個人日常照顧	_____	_____	_____
語言—推理	_____	_____	_____
活動	_____	_____	_____
互動	_____	_____	_____
作息結構	_____	_____	_____
家長與教師	_____	_____	_____
總分	_____	_____	_____

幼兒學習環境評量表—修訂版側面圖

園／所：＿＿＿＿＿＿

老師／班別：＿＿＿＿＿＿

觀察日期1：＿＿／＿＿／＿＿（月／日／年）　觀察員：＿＿＿＿＿＿

觀察日期2：＿＿／＿＿／＿＿（月／日／年）　觀察員：＿＿＿＿＿＿

I. 空間和設施 (1-8)

觀察 1　□　觀察 2　□　次量表平均分數

1. 室內空間
2. 日常照顧／遊戲和學習用的設施
3. 休息和安撫的設施
4. 角落規劃
5. 隱密空間
6. 幼兒相關的展示
7. 大肌肉遊戲的空間
8. 大肌肉活動的設備

II. 個人日常照顧 (9-14) □

9. 接待／送
10. 正餐／點心
11. 午睡／休息
12. 如廁／換尿布
13. 健康實務
14. 安全實務

III. 語言—推理 (15-18) □

15. 書籍與圖書
16. 鼓勵幼兒語言溝通
17. 使用語言發展推理技巧
18. 非正式語言的使用

IV. 活動 (19-28) □

19. 小肌肉活動
20. 藝術
21. 音樂／律動
22. 積木
23. 沙／水
24. 戲劇遊戲
25. 自然／科學
26. 數學／數字
27. 電視、錄放影機及／或電腦的使用
28. 鼓勵接納差異

V. 互動 (29-33) □

29. 大肌肉活動的導護
30. 一般對幼兒的導護
31. 紀律
32. 教師一幼兒的互動
33. 幼兒之間的互動

VI. 作息結構 (34-37) □

34. 時間規劃
35. 自由遊戲
36. 團體時間
37. 對特殊幼兒需要的供應

VII. 家長與教師 (38-43) □

38. 提供給家長
39. 對教師個人需要的供應
40. 對教師專業需要的供應
41. 教師的互動與合作
42. 教師的督導與評量
43. 專業成長的機會

次量表平均分數

空間和設施
個人日常照顧
語言—推理
活動
互動
作息結構
家長與教師

國家圖書館出版品預行編目資料

幼兒學習環境評量表－修訂版 / T. Harms, R. M. Clifford,
　　D. Cryer 原作；郭李宗文、陳淑芳譯.
　-- 初版. --臺北市：心理, 2006 [民 95]
　　面；　公分. --（幼兒教育系列；51091）
　參考書目：面
　譯自：Early childhood environment rating scale,
　　　　Rev. ed.
　ISBN 978-957-702-902-7（平裝）

1. 學前教育－評鑑　2. 教室管理

523.2　　　　　　　　　　　　　　　　　95007995

幼兒教育系列 51091

幼兒學習環境評量表─修訂版

原 作 者：Thelma Harms, Richard M. Clifford, Debby Cryer
譯　　者：郭李宗文、陳淑芳
執行編輯：陳文玲
總 編 輯：林敬堯
發 行 人：洪有義
出 版 者：心理出版社股份有限公司
地　　址：231 新北市新店區光明街 288 號 7 樓
電　　話：(02)29150566
傳　　真：(02)29152928
郵撥帳號：19293172　心理出版社股份有限公司
網　　址：http://www.psy.com.tw
電子信箱：psychoco@ms15.hinet.net
駐美代表：Lisa Wu（lisawu99@optonline.net）
排 版 者：臻圓打字印刷有限公司
印 刷 者：辰皓國際出版製作有限公司
初版一刷：2006 年 5 月
初版六刷：2018 年 5 月
I S B N：978-957-702-902-7
定　　價：新台幣 200 元